みやぎのアイヌ語地名

はじめに

地名の調査研究を進めていく中で、どうしても和語では解釈しにくいものが宮城県内、特に県北地域には幾つもあった。これは何だろう、アイヌ語なら解けるのかなどと試行錯誤し、アイヌ語を研究している知人を頼ったこともあったが、どこか納得しにくかった。だんだん一人では手に負えなくなっていたように思う。

２０００年10月、日本地名研究所所長の谷川健一先生（故人）が、「東北のアイヌ語地名をなんとかしなければならない」と話された。「本気でやれ」と背中を押されたような気がした。

アイヌ語を理解しないとならなかった。間もなく、谷川先生が日本地名研究所で開いたアイヌ地名講座に出席した。講師は、映像作家でアイヌ語研究家の片山龍峯先生（故人）だった。「アイヌ語のどんなことを知りたいか」と問われたが、欲深く「発音、意味、何でも知りたい」と答えたように思う。ここで初めて書籍などの紙に書かれたものではなく、生のアイヌ語を耳にし、目にした。

その後２００２年8月から、アイヌ語の研究者として名高い元横浜国立大学教授の村崎恭子先生からアイヌ語のご指導をいただけるようになった。その講義は目からうろこが落ちるように、私の脳みそを刺激し、以後、地名調査・研究に邁進《まいしん》することになった。

「アイヌ語」と聞くと一般の人からは、「アイヌの人たちって北海道にいるんじゃないのか」とか、「この宮城にもいたのか」と問われることが多々あった。文字を持たなかったアイヌ語を話す人たちは、その暮らしに必要な地点に地名を残していたが、それを探すのは容易ではなかった。

では、どんな人たちがアイヌ語地名を残したのだろうか。それは、アイヌ語を話す人たちと共に会話し、暮らすようになっていた蝦夷《えみし》と呼ばれた人々が一役買っていたと思われる。

現在アイヌ語を当時のように話せる人はほとんどいないと思うが、それでも宮城県内にアイヌ語を言語としていた人が確かに住み、話していた痕跡が認められる。それを知らせているのがアイヌ語で解ける地名である。

古代陸奥国の重要地点にあった宮城県は、怒涛《どとう》とせめぎ合いの歴史の中にあったにもかかわらず、早くから律令制を携えてやって来た人々が話した言葉と、先住していた人々が話す言葉がダブルブッキングしながら、時代の波をかいくぐるようにして地名は残されてきた。

アイヌ語に文字はないが、アイヌ語地名からは長い時代を生き継いできた人々の、小さくも大きな暮らしの歴史を探ることは可能である。特に教科書では学習することのできない、アイヌ語を話していた人々が暮らしていた時代を知ることは、当時の歴史、地形、地質などだけでなく、現在の土地の様子を知るためにも役立つと思う。

地名の調査には、現地を訪ね、聞き取りを行い、現代とは違う昔の地形を探る。できるだけ古い資料を探し、古代の人はどんな風に発音していたのか、アイヌ語として成り立つのか、北海道に似た地名はないかなど、たくさんのことを調べて確証を得なければならない。

そうしてはっきりと確認できたのが、「地名の由来・地名の解釈」である。ここでは、それを縮めて「地名解」としている。

意外に多かったのは、大崎市「鬼首（洪水があったことを伝えている）」のようなアイヌ語による自然災害地名であり、今は不明になった地形などに関しても正直に伝えている。

特に、古代と現在とでは土地の区画や広域性の捉え方に違いがあるように思われ、アイヌ語が生活の中で通用していた時代は、現在ほど土地の境界がしっかり線引きされておらず、ゆったりと地名のエリアが決められていたようである。

現代は川の改修やダムを築いたこと、宅地造成などにより、土地の範囲や所有者がはっきりしている。そのためにアイヌ語と和語の地名が重なってあるはずの地が、分けて名付けられた土地になっているようだ。

アイヌ語地名は、例えば仙台市「折葉」のように、全く違う意味を持つ漢字が充てられたり、発音を無理な形に変えられたりしながらも、私たちの古里の歴史を秘めて残されてきた。確認できたときは、飛び上がるほど喜び感動する。心から「よく、頑張って残っていてくれたね」と地名に拍手を送りたいと思うことがたびたびある。

今後も、アイヌ語で解ける地名の存在を無視することなく、大事に守り続けてほしいと願っている。そのためにも、この記録を後世へと受け継ぐことができたら幸甚である。さらによく調べていただき、間違いを正していただければ、なお、ありがたいことである。

目次

第3章　内陸中部のアイヌ語地名

第4章　内陸北部のアイヌ語地名

第5章　沿岸中・北部のアイヌ語地名

第1章　アイヌ語と和語地名の境界

混交・混血の歴史

私たちの古里には、すでに会うことのできない人々や知らない時代を築いてきた人々がいる。先住していた人々と、稲作を携えて律令化の息吹をもたらした人々との混交や混血の上に、現在までの歴史が続いている。

古代の宮城県には蝦夷《えみし》と呼ばれる先住していた人たちや、「続日本紀《しょくにほんぎ》」の「霊亀元（715）年、相模・上総・常陸・上野・武蔵及び下総等坂東6カ国の富民1000戸を陸奥の地に配す」という記録が示すように、関東や各地から移り住んで来た人たちが暮らしていた。そうした人たちによって、東北地方は開発や開墾が続けられてきた。当時の人々は、どんな言葉を話し、どんな地名を使用していたのだろうか。

宮城県内には、古代律令政治への導入手段の一つとして、幾つもの官衙《かんが》・城柵が築かれた。代表的なものが多賀城（多賀城市）にあった陸奥国府である。同国府の前身は仙台市太白区の郡山遺跡であることが、発掘調査で確実なものとなっている。加えて近年の発掘調査により、記録にはない城柵跡が幾つも確認されるようになった。中央政府が律令化に向けて、在地住民に対して圧力をかけた残存であり、稲作文化と引き換えに暮らしの在り方を変えるようにと挑んできた印であったかもしれない。

そのような官衙・城柵跡を挙げてみる。

主に仙台市以北で確認された官衙や城柵を例に挙げると、郡山遺跡は、6世紀末から居住域を形成し、7世紀中葉から8世紀初頭のⅠ期官衙跡とⅡ期官衙跡などが確認されている。Ⅰ期官衙は城柵として使用され、Ⅱ期官衙は多賀城以前の国府と考えられている。たくさんの出土物からは、畿内産の土師器《はじき》や関東地方と類似する土師器も出土している。

多賀城には、奈良時代から平安時代にかけて陸奥国府・鎮守府が置かれた。11世紀中頃までの東北地方の政治・軍事・文化の中心地であったようで、重要な政務や儀式を行う政庁跡も確認されている。

北の大崎市内では、名生館《みょうだて》官衙遺跡、宮沢遺跡、杉の下遺跡、小寺遺跡、権現山遺跡、三輪田遺跡など記録にないものも確認されている。ことに名生館官衙遺跡は多賀城より早い時期のもので、付属寺院の伏見廃寺があり、小寺遺跡は多賀城創建期に築造された城柵かもしれないという。三輪田遺跡からは、「大住團」と記された相模国の軍団の駐屯を示す木簡が出土している。また、「続日本紀」に記載されている五柵（玉造柵、新田柵、牡鹿柵、色麻柵、多賀柵）の一つとされる新田柵跡も発掘されている。

当時の陸奥国と出羽国の境界に近い加美町からも、東山官衙遺跡、壇の越遺跡や城生遺跡が見つかった。壇の越遺跡からは、碁盤の目状の町割りが確認され、8世紀半ばから10世紀のものという。

さらに石巻市には赤井遺跡、桃生城跡が確認されている。赤井遺跡は牡鹿郡家とされ、古代に活躍した牡鹿郡の豪族「道嶋氏」のエリアでもあり、「牡舎人」と記された墨書土器も出土している。

大崎市古川の名生館官衙遺跡から出土した関東系土師器（大崎市教育委員会所蔵）

遺跡発掘はバイパス工事計画や圃場整備などの土木工事前に行われることが多いが、そうした遺跡から出土する遺物の中には、続縄文文化の足跡を刻むものも多く見つかっている。

これらの遺物を歴史的に区分すると、弥生時代後期（1〜3世紀）から古墳時代中期（4世後半〜5世紀）ぐらいまでにあたるという。現在の大崎市、栗原市を中心として石巻市、登米市、加美町などで多く出土し、さらに仙台市や仙南の町でも出土している。

これは確実にアイヌ語を話していた人々と和語（日本固有の語、やまとことば）を話す人々との文化や暮らしの共存や接点があったことを伝えているといえるのではないだろうか。これまで和語の中に隠されていたアイヌ語地名をいくつも確認してきた。漢字という文字に隠されて、本来アイヌ語で解ける意味の地名であったのが、歴史時間の経過とともに解釈不能になっていた。

調査に歩くとこれらのエリアには、和語では理解しにくい地名がアイヌ語ですんなり解けるということがたびたびあった。地名の意味を解くことはまるで謎解きのようであり、アイヌ語地名は和語地名よりうそをつかない。アイヌ語地名は特に水田開発された平地よりも、山あいの、開発されにくい地に多く見つかった。縄文遺跡の分布や縄文海進・海退とも関わるのかもしれない。

個人的には、ずっと在地の人や蝦夷社会の中での地名と、征服され律令化されていった接点である地、その太い境界線はどこだったのかと探し続けてきたが、その糸口がやっと見つかったように思える。

名生館官衙遺跡から出土した続縄文土器と湯の倉産の黒曜石。使用したためか減っている箇所がある（大崎市教育委員会所蔵）

「同意異語」の地名

ファッション雑誌に「non-no（ノンノ）」がある。誌名はアイヌ語の「ノンノ nonno 花」から名付けられたという。「のんの」や「のんのん」は日本語にもある。意味は「神様や仏様、月や太陽など尊ぶべきもの」であり、私も子どもの頃、お年寄りがそう呼んでいたのを聞いたことがある。アイヌ語と日本語には同じような発音で、意味が似ていたものや、違う言葉がある。地名にも同じようなことがあるのではないかと探してきた。すると、宮城県内でも実際にあったのである。私の造語だが、「同意異語」と呼ぶことにした。

◆半俵山と花渕山（大崎市鳴子温泉）

アイヌ語と和語とで同じ意味を伝える地名として、早くから気付いていたのが大崎市鳴子温泉から鬼首へ向かう途中にある鳴子ダム（江合川）を挟んだ地、半俵山《はんたらやま》と花渕山である。

平成の合併以前は鳴子町の地名で、鬼首から流れ出す荒雄川（江合川と同じ流路）の途中に1958（昭和33）年、鳴子ダム（荒雄湖、日本で最初のアーチダム）が多目的ダムとして建設された。47年のカスリン台風、48年のアイオン台風、49年のキティ台風、さらに50年の集中豪雨により、下流でたびたび大被害を受け続けてきたことがきっかけとなった。

花渕山と半俵山は、同ダムを間に挟んだ地にあり、半俵山について地元の人々は、1日に俵半分ずつ土地が崩れることからと考えている。もちろん文字からの付会（漢字から考えられた地名解）であり、一帯がもろい地質であるため、日ごと土地が崩れていることを伝えている。国道108号線沿いには崩れた跡が半俵山の裾野にたまり、さらにその上には草や雑木が茂っている。ところが、これはアイヌ語で解ける地名で、ハッタル（hattar）という「水が深くよどんでいる所・淵になっている所」を意味している。それに和語の山がくっついたのである。もともと一帯は深い川の谷間であったが、そのような穏やかに流れる場所もあったのであろう。

また花渕山は、国体会場になったスキー場があることで知られている。地名の意味は、「ハナ」が土地の出っ張っている地、「フチ」は荒雄川の流れがよどむような地・淵になっている所である。

つまり二つとも同じ意味を持つ同意異語の地名である。こうした渕のある所では、アイヌ語を話す人たちにとっては、簗《やな》を仕掛けるのに都合がよく、漁労などに適した地でもあったのかもしれない。

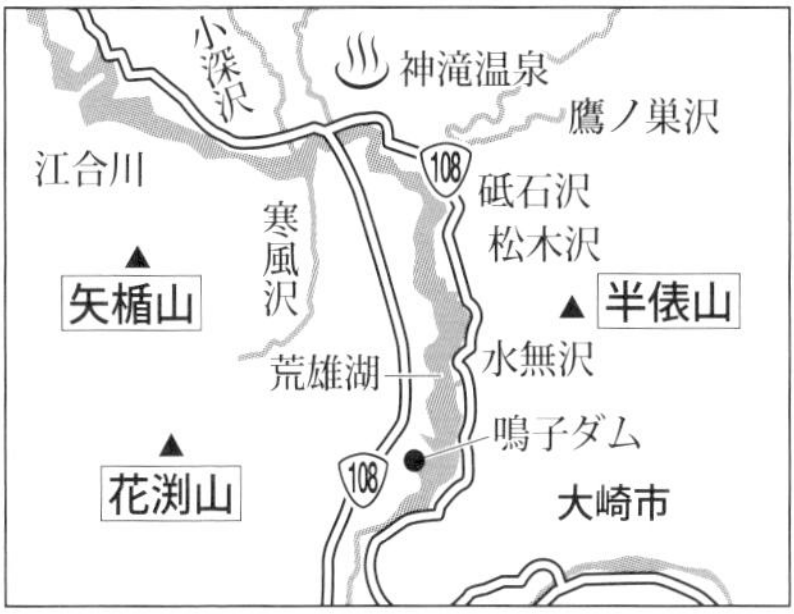

鳴子ダムを挟んで花渕山と半俵山がある

◆八沢要害と道満沢（栗原市築館）

栗原市一迫と築館八沢の「要害」と「道満沢《どうまん》・道満」の地名は、同意異語の典型ともいえる場所だった。

宮城県地名研究会が約13年をかけて「要害」地名の調査を行い、その結果を一冊にまとめた。その際には気付かなかった二つの地名の関係が、その後も長い時間を要して調査を続けてきたからこそ、やっと確認できたように思う。戦国時代などの戦いに関わると思われていた「要害」の地名は、決して新しいものではなく、かなり古い時代、弥生時代あるいは古墳時代ぐらいから存在していた可能性がある。

東北新幹線の高架が通る地で、八沢要害も道満沢も同じ行政区の隣り合わせの地になっている。八沢川が谷間の一番低い所を流れ、段々になった水田、道の順に傾斜面が続き、さらに高台の両側に民家が並んでいた。ここが道満沢であり、要害はその隣に広がっている。本来は一つのエリアだったのが、時代の経過や明治以降の行政的政策、たとえば土地所有者の固定資産税計上などのために土地区画を行う必要を求められたり、住む人々の文化や暮らしの違いから、別々の土地に分けられてしまったりしたのだと思われる。

歩いてみると、この地名が名付けられた頃には、川沿いの沼や湿地帯であったことが分かる地形である。１９５０年代から70年代にかけての農業政策により、本来は森や山だった地まで開田され、沢の高台に向かうように道満や要害の地が広がっている。

八沢要害の調査原稿を再読すると、何度となく洪水に遭っている。ある男性は「戦後、台風で水を何度もかぶった。おらいの田んぼは、みんな下の方にあったので米が腐ってしまい、10人家族の食糧が不足するようになって、配給をもらって食べた。ちょうど、兵隊から帰って来た頃のことで、48年から50年ごろは、毎年水害が続き大変だった」と話している。

本来の要害の地名の意味は「水辺・沼や川の岸辺」であり、「日本書紀」では「ヌミ」とルビが振られている。「ヌミ」とは、水際や沼の岸そして川辺を意味しており、中世や江戸期のような砦《とりで》や戦いに堅固な地という意味とは違っている。

道満は、アイヌ語で「トマム（tomam）」という「沼や湿地」を意味し、要害の地名とほぼ同じ意味になる。柳田国男著「地名の研究」によると、堂満坂（道満沢も含む）やドウマン谷の地名が関東にもあることを指摘し、アイヌ語では「トマンやトマムは沼や沼沢地を表している」としている。アイヌ語は関東でも使われていたことになりそうだ。

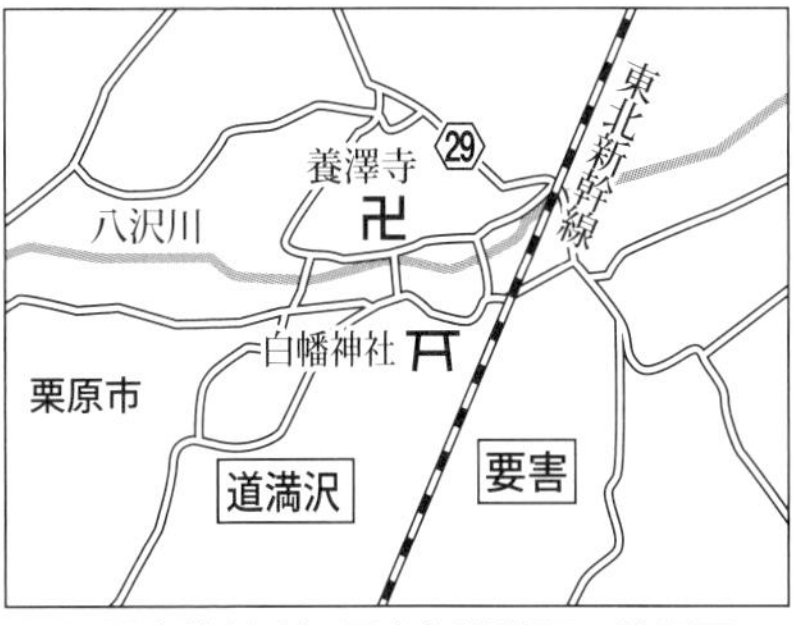

栗原市築館八沢要害と道満沢の位置図

アイヌ語に濁音はないとされているが、トマンやトマムが時間とともに転訛《てんか》し、道満の文字が充てられ訓が濁ったのであろう。要害の地名は長い調査の結果、川や沼の傍に位置し洪水の通り道に多いことが判明している。

こうしたことから地名が付けられた時代や古代の様子を推測すると、道満沢や要害の地名の一帯には、アイヌ語を話す人々と和語を話す人々が一緒に住んでも穏やかな暮らしの成り立つ時代があったことを伝える貴重な地名といえる。ちなみに、北海道陸別町には斗満川が流れ、斗満の地名がある。これも同じ意味の地名である。

谷川健一書「地名逍遥《しょうよう》」にも道満と要害が記されている。「狩猟などが生業だったアイヌ語を話す人々にとっては、沼や川は魚や貝を採る地でもあり、移動する際には交通の障害になる悪い地であったが、稲作を生業とする和語を話す人々にとっては良い場所、水田を作りやすい地であった」とある。

二つの暮らし方の違う人たちが共存することができたエリアだったのである。それが、要害と道満沢の地名が、目と鼻の先に存在することを裏付けていた。

アイヌ語を話す人々は、生活の糧を自然から直接もらい、和語を話す人々は自然の姿を利用、改革して米という保存収納のきく作物を得ていた。互いのエリアや食物を奪い合うというものではなかったのかもしれない。もしかして共存という言葉にふさわしい時代だったのかもしれない。そのために二つの違った地名が現在まで存続してきたといえるようだ。

◆一迫の要害と道満・新道満（栗原市一迫）

一迫川の本流と支流の長崎川の流れるエリアで、間もなく二つの川が合流する地点にある。

どちらの川も古くから暴れ川として知られ、特に長崎川は地元の人々が洪水氾濫に泣かされてきた川であった。

その氾濫で運ばれてできた自然堤防の下（約3メートル）から見つかった国の史跡「山王囲遺跡」は、縄文時代晩期（約2500年前）から弥生時代前期（約2000年前）にかけて営まれた集落遺跡である。編布《あんぎん》の断片や、竹で編んだ籠《かご》に漆を塗った籃胎漆器《らんたいしっき》の断片などが出土している。

道満と新道満の地名は、本来一つの「ドウマン」であったのが後世に分けられたのだろう。ここは山王囲遺跡のすぐ隣に位置する。長崎川を挟んだ地に「曽根要害」の地名

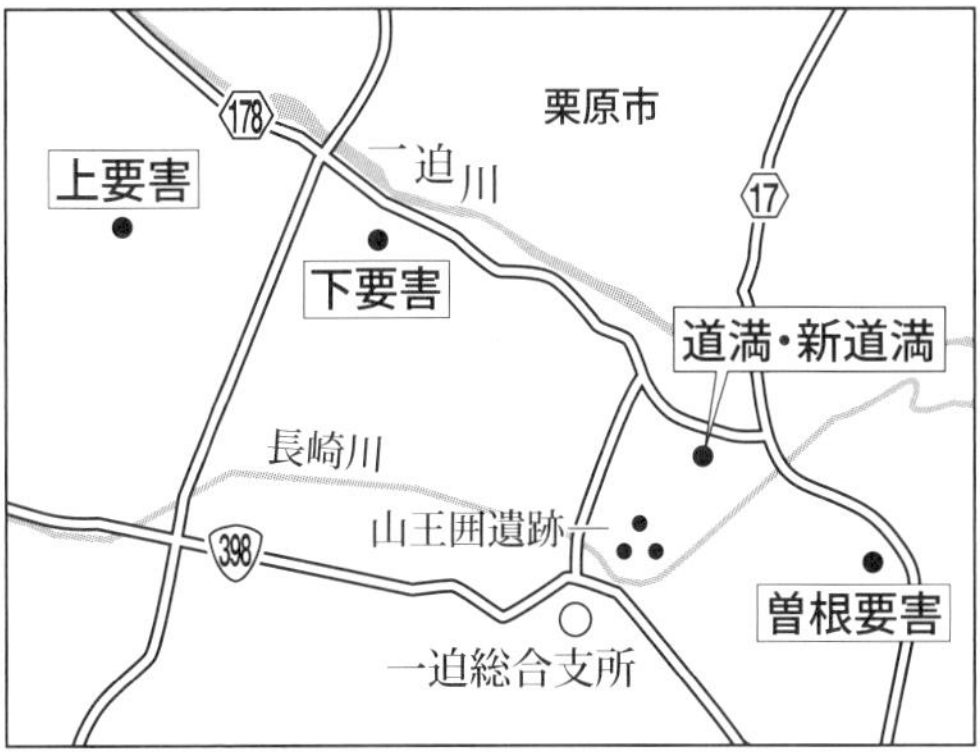

栗原市一迫真坂の道満・新道満と曽根要害

があり、その上流の一迫川の右岸に「上要害・下要害」の地名がある。

道満の地は自然堤防上に位置し、新道満の地は、地元の人々によると小学校が建つまで沼地であったという。その沼を埋め立てて現在の一迫小学校が建築された。今でも古老の中には「あんな所に学校を建てて（駄目だろう）」と話す人もいた。

歩いてみると、長崎川右岸、特に山王囲遺跡から小学校へ向けての下流には水田に開発されているが、地盤が低く氾濫した水の道があったことが確認できる。沼や道満の地が長崎川を挟んでもっと大きく広がっていた可能性があった。それが川道の変更そして浅い所や干拓しやすい所から、稲作を行うため水田に変えられたのであろう。

地元の人々もたびたび洪水に遭ってきたようだ。「ここは、すぐ水をかぶる所だおんね」と、広がる水田が冠水しやすい地であり、住宅街でも床下・床上侵水が何度もあったと話してくれた。２０１５年９月の関東・東北豪雨の際も土盛りした屋敷のすぐ下まで水が入ってきたという。上流に花山ダムが建設された現在でも水害に脅かされることがある地であった。

道満（アイヌ語でトマム）の地名と要害の地名が隣り合わせのように並んで位置していることは意義深いと思う。確かにアイヌ語を話す人と和語を話す人の生活が同居していた地であったことを伝えているといえるのではないだろうか。

◆片平（仙台市青葉区）

伊達政宗は1600（慶長5）年、34歳で本拠地を仙台に移し、城の縄張りを開始した。それまでの地名が、城下町としての地名や米沢（山形県）以来の地名に塗り替えられた。多くは侍町や職人町などの地名で、仙台以前の政宗ゆかりの地、米沢の次に政宗が造った街でもある大崎市岩出山でも同じことがなされたようである。仙台へ遷《うつ》るまで侍町・職人町の地名があり、現在まで残されている。

仙台城下でも同じことがなされた。大町から仙台城へ向かう広瀬川沿いに現在も残る「片平」の地名は、時代とともにエリアの変遷があったようではあるが、地名そのものは政宗の城下町整理以前からあった可能性が大きいのではないかと思う。

片平の地は広瀬川の河岸段丘上にあり、現在でも大橋の方から見ると段丘の崖沿いに位置しているのが分かる。「崖に近い道の西側に初めのうち民家がなく、東側にだけ屋敷が連なっていたことが、片平の名の由来」とされ、「偏片町」とも呼ばれたという。

江戸時代には一門・一家・一族・宿老など、伊達氏一族や仙台藩重臣の大屋敷が置かれていたことから、大名小路、大広町、広丁と呼ばれた。現在でも屋敷跡に積まれた石垣が残り、当時をしのぶことができる。

大橋から見える片平方面の崖地

片側だけに屋敷が並んでいたことから、侍町を示す「丁」の文字が付き片平丁となったというのは、文字から生まれた付会であったかもしれない。

それ以前はどのように呼ばれていたのであろうか。もし和語地名であるならば「ヒラ」は地形を示す語で坂や斜面を意味しており、川沿いの崖地や片平市民センターなどのある一帯が坂あるいは斜面になっていることに通じる。片平小学校付近から川の方を見ると、坂や崖になっているのが手にとるように分かる。

アイヌ語でも同じような崖地を「ピラ pira」と呼ぶことから、古い時代にはアイヌ語地名と和語地名が同居していた可能性が強いであろう。あるいは「カタ・ピラ　kat・pira（崖の様子）」や「カマ・ピラ　kama・pira（上を）越える・崖」という広瀬川の河岸段丘の様子が、アイヌ語を話す人々にとって、生活の中で通過するには難所だったことから地名が付けられたのかもしれない。

これらの地名が語韻変化し、さらに「片平」の漢字が充てられ、和語地名のようになったのであろう。

ちなみに、センダイの地名を藤原相之助は「セプ・ナイ　広い・川」とアイヌ語で解き、それが「センダイ」と転訛《てんか》したとしている。しかし、広い瀬の川を意味する広瀬川の地名は各地にある。

大橋の下に行くと、広瀬川河畔から見える川の底は岩盤が続いている。アイヌ語では「カマ・ナイ　kama・nay　平たい岩・川」となる。広瀬川の意味を仙台に充てるのは、無理があるように思える。アイヌ語を話していた人たちが「ピラ」の地名を使用し、もし「カマ・ナイ」の地名が使用されていたのであれば、仙台の地名解の一つとして採用されなかったかもしれないなあと思う。

話はずれたが、仙台城下以外の地ではそれまでの地名は存続していたようで、街から外れた地や合併したことにより仙台市に取り込まれた地に、アイヌ語地名が残されているのを確認できた。統治者によって地名が変わることはよくあることで、ここでもアイヌ語地名の消失に大きく関係していたと推測できる。

続縄文文化の残る地と地名

アイヌ語地名の残るエリアは、近年の遺跡発掘により、たくさんの続縄文文化の残る地でもあることが判明した。続縄文文化とは、工藤雅樹著「蝦夷の古代史」に、「縄文文化に後続する北の文化であり、前半段階は弥生時代に併行し、後半段階はほぼ古墳時代に併行する。宮城県では主として県北西部の江合川中流部に遺跡が集中している」とある。

石巻市蛇田の新金沼遺跡から出土した北海道系の続縄文土器（石巻市教育委員会提供）

発掘関係者によると、その特徴は、おおまかに刃物の材料に違いがあり、弥生時代や古墳時代になると鉄器が使用されるようになっているのに対して、続縄文文化圏では刃物の多くが黒曜石を使用しているという違いがあるそうだ。県内の続縄文文化遺跡の多くから黒曜石が出土している。

続縄文文化を伝える遺跡の多くは、仙台や多賀城から離れた北に向かって一直線を引いたような位置、大崎・栗原地方、登米・

石巻地方にあり、北上川、迫川、江合川、鳴瀬川などの流域に沿うように確認されている。

例えば、石巻市蛇田の新金沼遺跡は旧北上川の河口に程近い微高地上の集落で、40棟ほどの古墳時代前期の竪穴住居が発見された。

出土した遺物は、この地の古墳前期の土師器《はじ》である塩釜式が主体であるが、東海地方や関東地方系の土器、東北北部や北海道の足跡を知らせる土器も確認された。

新金沼遺跡の東側の万石浦沿岸に位置する梨木畑貝塚からは、アイヌ系の女性の人骨と共に続縄文文化後半段階の特徴をもつ土器が出土しており、近くの高木小沢からも同種の土器が出土している。

稲作を持った文化（関東・東海方面からもたらされた関東系土器が出土）と続縄文文化の交差錯綜してい

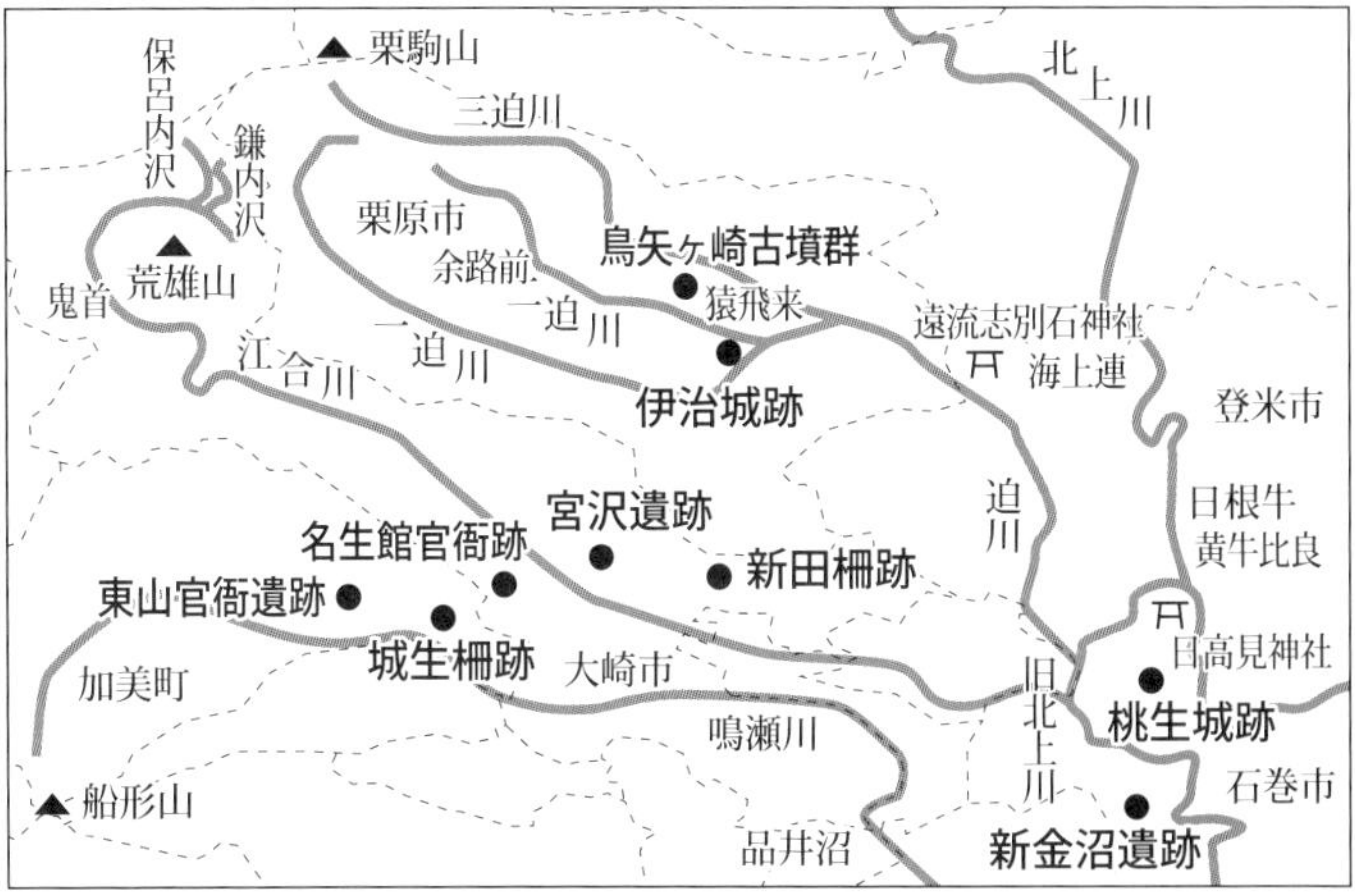

宮城県北部の城柵とアイヌ語地名位置図

た地点にアイヌ語で解ける地名が確認され、とても大きな意義を持つ遺跡が多い。

　続縄文文化の特徴をもつ土器や遺物が出土している遺跡は、大崎市岩出山からも幾つか見つかっており、特に木戸脇裏遺跡は古墳時代の遺物散布地であったことから早くから注目されていた。発掘調査の結果、西の文化の遺物と共に、北の文化を伝える土壙《どこう》墓《ぼ》や土器、黒曜石製のスクレイパーなどが発見された。これらの出土物は続縄文文化と呼ばれる文化の足跡を伝えるものであり、江合川の両岸、北上川沿岸にこうした律令文化と北の文化の混在する遺跡が他にもあり、違う言葉や違った意味の地名も錯綜《さくそう》していたことになる。

　それを裏付けるかのように、こうした遺跡の地からそれほど遠くない地には、確実にアイヌ語で解ける地名が残されていた。二つの図は古代城柵・川の位置とアイヌ語地名分布の位置を示したものである。

仙台近郊のアイヌ語地名位置図

アイヌ系の人による遺跡や遺物

石巻市内からは、稲作を持ってやってきた文化（関東・東海方面からもたらされた土器が出土）と、先住していた稲作を持たない文化（続縄文土器などが出土）が交差・錯綜《さくそう》していた地点であることを示す遺跡や遺物が確認されている。それは、アイヌ系の人の暮らしの足跡であり、宮城県内に二つの言葉が交錯して使用されていた時代があったという証拠の一つとも言えよう。

◆梨木畑貝塚から出土の人骨（石巻市渡波）

梨木畑貝塚は、万石浦に面した牡鹿半島の付け根辺りの石巻市渡波字梨木畑にあり、鮎川方面へ向かい万石浦橋を渡るとすぐの地点に位置している。幾度かの発掘調査がなされ、石巻鮎川線祝田道路改良工事に伴う発掘調査で、製塩遺構の下層から2体の伸展葬の人骨が確認された。人骨の周辺から古墳時代前期の土器などが見つかっており、出土状況から人骨は古墳時代のものと考えられる。2体の埋葬人骨のうち1体が、アイヌ系の足跡を残す女性の骨であることが判明している。また2地点から古墳時代のものと考えられる続縄文土器が確認された。（「梨木畑貝塚発掘調査報告書」、石巻市教育委員会）

人骨や続縄文土器が出土したことから、周辺にはアイヌ語を話す人たちが暮らしていた可能性が大きいのではないだろうか。

梨木畑貝塚付近では他にも貝塚が見つかっており、一本杉貝塚、大浜遺跡、青木浜遺跡などから製塩土器が出土している。気になるのは、梨木畑隣に「祝田」の地名があり、万石浦沿岸に「青木浜」の地名があることである。これらの地名は、古代からの地名が現在まで受け継がれたものと思われ、亡くなった人を葬るための地に多く名付けられる。特に祝田には、埋め墓と参り墓をもつ「両墓制」が残っている。両墓制は瀬戸内海や近畿・関東に多く見られ、宮城県内では1カ所だけである。太平洋岸の石巻以北ではほとんど見られない。日本海側では秋田県に残されている。

かなり古い時代からアイヌ語を話す人たちと和語

渡波祝田の高台から見た万石浦。手前右手は梨木畑

を話す人たちが海や入り江での漁労を行い、暮らしを共にしていた穏やかな時間の流れがあった可能性が高いのではないか。

早くからわれわれの古里へやって来た人々と、先住の人たちが交流して暮らしている姿を思い描くこともできるのではないだろうか。

◆アイヌの舟の線刻画（石巻市南境）

石巻市南境字妙見の南境貝塚から線刻礫《れき》が見つかっている。その礫にはアイヌの板綴船（イタオマチプ）と呼ばれる準構造船が描かれていた。「宮城県石巻市南境貝塚出土の『船』を描いた線刻礫について―宮城県教育委員会1969『埋蔵文化財第4次緊急調査概報―南境貝塚』資料の検討―」によれば、「『蝦夷生計図説』（1823年）に描かれている近世アイヌの板綴船に、南境貝塚線刻礫画中の帆柱の表現に類似した模様が見られる。板綴船とは、船底に丸木舟を用い、舷側に羽板を縄などで綴《つづ》り合わせて、嵩《かさ》上げした準構造船のことである。船の両舷《げん》に立てた手持ちの2本の帆のことである。蓆帆《むしろほ》を横に張って帆走するので、和船のような帆桁《ほげた》はない。（『東北歴史博物館研究紀要12号』）」とある。

線刻礫の大きさは先の論文に砂岩製で、長さ6・9チセン、幅4・2チセン、最大厚1・6チセン、重量58グラムとある。下図に刻まれた右縦に描かれた箇所が２本の帆に当たるらしい。

南境貝塚は、縄文早期末から晩期末にわたる土器などの遺物が出土している。残念ながら県道新設・北上川の災害復旧工事・開田などにより、その遺跡は著しく損なわれている。

南境貝塚から出土したアイヌの舟の線刻画
（東北歴史博物館所蔵）

石巻市の南境地域

続縄文文化遺跡とアイヌ語地名の分布

宮城県内各地域の続縄文文化遺跡と遺物、アイヌ語地名の分布は、次の通りである。詳しくは第２章以下で説明する。

・気仙沼市

気仙沼市内からはまだ、縄文文化の痕跡は確認されていないが、「気仙沼、赤牛、山谷、猿内、小田の浜、尾田、五駄鱈、登米沢、内の脇」などのアイヌ語地名がある。

・南三陸町

「伊里前、歌津、保呂羽」のアイヌ語地名があり、気仙沼市とともに太平洋岸沿いに北海道からのアイヌ語を話す人たちとの交流が古くからあったことと関係しているとも推測される。

・登米市

大泉遺跡と米倉（米谷?）から縄文土器が出土しており、「猿壁谷地、二良根、ワラビカシ、黄牛比良、日根牛、口梨、小友、海上連、新井田、若狭前、新田《にった》、山谷」のアイヌ語地名が確認されている。

・栗原市

長者原遺跡や伊治城跡などから、縄文土器出土と黒曜石製石器が出土しており、「嶋体、保呂羽、道満、道満沢、薬沢、八重壁、猿飛来、海草、颯壁、熊狩、余路前、間海、年内沢、武鎗沢、（有壁?）」のアイヌ語地名が確認されている。

・美里町

山前遺跡と駒米遺跡があり、特に山前遺跡からは加美町湯の倉産の黒曜石製石器と黒曜石製ラウンドスクレイパー（掻器《そうき》）が出土している。アイヌ語地名は、「塔ノ越、練牛（？・）」などがある。

・大崎市

江合川沿岸を中心に、木戸脇裏遺跡などたくさんの続縄文遺跡が確認されており、名生館官衙遺跡からは加美町湯の倉産と北上川流域産の黒曜石製石器とともに、琥珀も出土している。アイヌ語地名には「鎌内沢、保呂内、鬼首、軍沢、半俵山、新田《にいだ》、高幌、猫作、志内田、鎌巻、品井沼」などがある。

・加美町

壇の越遺跡や城生柵跡、菜切谷廃廃寺などがあり、加美町湯の倉産と北上川流域産の黒曜石製石器も出土している。アイヌ語地名には「矢越、君子、木伏」などが確認できている。

・色麻町

土器の剥片が見つかっている。

・大郷町

旧品井沼沿岸から「粕川、不来内」のアイヌ語地名が確認されている。

・松島町

古代の品井沼は太平洋からの深い入り江であったことから、鳴瀬川沿いや海沿いに「品井沼、志戸内、歌の入、釜ケ沢、手樽」などのアイヌ語で解ける地名が残されている。

・**東松島市**

合併前の鳴瀬町エリアの鳴瀬川沿いに、「目移、新田《にった》」のアイヌ語で解ける地名が残されている。

・**石巻市**

新金沼遺跡や小沢遺跡から続縄文土器などが出土しており、「雄勝、井内（稲井）、海上、渡波（?）、幼、曾呂美沢、小友、天塩、月浦、笈入」などのアイヌ語で解ける地名がある。

・**多賀城市**

山王遺跡より続縄文土器と加美町湯の倉産と北上川流域産の黒曜石製石器が出土している。

・**塩釜市**

堀の内から続縄文土器が出土している。

・**七ケ浜町**

小友という入り江を意味するアイヌ語地名がある。

・**仙台市**

岩切鴻ノ巣遺跡、南小泉遺跡、沼向遺跡から石器が見つかっている。岩切鴻ノ巣遺跡からのものは加美町湯の倉産の黒曜石製で、南小泉遺跡からは加美町湯の倉産と北上川流域産の黒曜石製石器が出土している。アイヌ語で解ける地名は、主に旧仙台城下から外れたエリアや旧名取郡エリアで確認でき、「骨葬畑、四ツ辺、沓形、折葉、獺沢、秋保（?）、作並（?）、愛子、鼻毛沼、日辺、案内、種次（?）」などがある。

・名取市

清水遺跡から続縄文土器が出土している。名取の地名はアイヌ語の「ニタッ（湿地や泥濘な地）の転訛《てんか》したものであろう。

・村田町

アイヌ語地名は確認できていないが、新峯崎遺跡から石鏃《せきぞく》が出土している。

・蔵王町

堀の内遺跡があり、続縄文土器が出土している。

宮城県内の続縄文遺跡からは、加美町湯の倉産の黒曜石がたくさん出土している。大崎市古川名生館官衙遺跡からは、6世紀初頭の住居跡床面・埋土中から多量の剥片、破片、石核などが出土しており、黒曜石製の石器を製作し他地域へ供給していたと考えられるという。

古代の宮城とアイヌ語地名

古代における文化の往来の多くは、川が大きな役目を果たしていた。県南地域では阿武隈川、名取川、広瀬川、笊川が、そして県北地域では江合川、迫川、鳴瀬川、北上川が「川の道」であった。

アイヌ語研究の先駆者として著名な金田一京助は、「北奥地名考」の中で県内のアイヌ語地名を挙げ、仙台付近まで存在するとした。調べてみると確かにそのようで、和語地名とアイヌ語地名との境界点に名取川があり、県南ではほとんど確認できていない。古代における名取川の持つ役目は大きなものであったように思う。それは郡山官衙《かんが》跡（仙台市太白区郡山）の存在が大きいのであろうか。名取川両岸には古墳の数も多く、雷神山古墳（名取市植松）はその象徴的な存在である。名取川水系の増田川に沿った地にも、たくさんの古墳が確認されている。

仙台近郊では、藩政時代初期に伊達政宗が城下町を造ったことや新田開発が広く行われたことにより、地名はかなり変更・消滅があったと推測できる。当然住む人々もかなり替わってしまった可能性が大であることから、現在までつながらなかった地も多いのかもしれない。

特に県北の地が、アイヌ語で解ける地名と和語で解ける地名の錯綜《さくそう》する大事な接点であったことが、長年の調査と、それに力を貸してくれる遺跡発掘のおかげで分かってきた。

そんな中で2015年、栗原市築館の入の沢より古墳時代前期（4世紀）の遺跡が見つかった。焼けた竪穴式住居跡から銅鏡や鉄製品、装身具などが出土し、材木塀や大溝に囲まれていたことも分かり、防禦《ぼうぎょ》的集落ではないかという。同時期のこうした遺跡としては国内最北の発見だった。

遺跡は、宮城県から岩手県へ向かって前方後円墳などを伴う古墳文化が伝播《でんぱ》するための、進路上ともいえる道筋にあった。

岩手県内での前方後円墳は、奥州市胆沢で角塚古墳が確認され、前方後円墳の北限となっている。宮城県内最北の前方後円墳とされる石の梅古墳（大崎市）から約1世紀の時間を要して築造されている。

100年という長い時間は、何を物語っているのだろうか。アイヌ語を話していた人々や蝦夷《えみし》あるいは続縄文文化を携えた人々の強い抵抗や精神的な阻みがあったことを伝えているのではないか。地形や交通ルート的なことに原因を求める必要はないように思われる。角塚古墳や近くの集落跡（中半入遺跡）からは加美町湯の倉産黒曜石がたくさん出土しているという。輸送法について、発掘関係者は陸路を運んだのではないかと話した。湯の倉から胆沢までは奥羽の山並みが続きそれほど遠くない。

角塚古墳を築くために長い時間を要した大きな理由は、大崎地方や栗原地方、そして登米・石巻地方をつないだ線から北に向かう地にたやすく侵攻できなかったということではなかったろうか。つまり、海や川を使った交通手段だけでは侵攻できない大きな在地勢力があったということであろう。だからこそ、この地域にアイヌ語で解ける地名が多く残されているのではないか。当然、その間に位置している一関市や平泉町、奥州市内にはたくさんのアイヌ語で解ける地名がある。

さらにいえば、遺跡から見つかった石器類は、多くが大崎地方の加美町宮崎湯の倉産の黒曜石であり、北上川流域からのものは少ないそうだ。続縄文文化を携えていた人々にとって、刃物としての利用や掻器《そうき》（スクレイパー）などに使われる黒曜石製品は、稲作文化を携えていた人々の鉄器と同じように生活には必需品であった。

古代における在地住民と侵攻してきた人々の接点を解き明かす一つの手段として、こうした遺跡から見つかる続縄文文化の足跡と、アイヌ語で解ける地名の分布と和語で解ける地名の混在こそが、二つの違った文化の共存・混交や交流の謎を解く要素になっている。だからこそ、この一帯と周りのエリアにアイヌ語で解ける地名がたくさん確認できるのだと思われる。

一直線に並ぶ古代城柵遺跡の存在はそれを裏付けているのかもしれない。アイヌ語と和語地名の錯綜《さくそう》する太い境界と考えることが可能になるのではないだろうか。

＜参考文献＞
国立歴史民俗博物館研究報告　第１４３集（２００８年）
古代社会と地域間交流　土師器からみた関東と東北の様相（国士舘大学考古学会編、２００９年）
宮城県域における続縄文文化（高橋誠明、２００２年岩手考古学会第29回研究大会資料集より）
古墳時代前期の倭国北縁の社会　宮城県北部の様相（高橋誠明）
東北学院大学アジア流域文化研究所公開シンポジウム「古代倭国北縁の軋轢と交流　栗原市入の沢遺跡で何が起きたか」より（２０１５年）
岩出山町木戸脇裏遺跡における北海道系土壙墓と出土遺物の研究（宮城考古学第５号、２００３年）
石巻市埋蔵文化財調査報告書　第11号（新金沼遺跡発掘報告書、２００３年）
「東北地方続縄文文化小考─仙台平野の事例を主として─」（相沢清利）
「角塚古墳前夜の大崎平野」「角塚古墳シンポジウム」（高橋誠明、１９９８年）
地名アイヌ語小辞典（知里真志保著）
列島縦断地名逍遥（谷川健一著、冨山房インターナショナル、２０１０年）
倭国の形成と東北（藤沢敦編、吉川弘文館、２０１５年）
アイヌ史を見つめて・第一部アイヌ史研究＋アイヌ史概観（平山裕人著、北海道出版企画セン

ター）
宮城県「要害」地名調査報告書　要害地名（宮城県地名研究会、２００７年）
地名から知る先人の暮らしと歴史・東北地方に残るアイヌ語地名（東北アイヌ語地名研究会、２０１４年）
みやぎ地名の旅（太宰幸子著、河北新報出版センター、２０１１年）
みやぎ不思議な地名・楽しい地名（太宰幸子著、河北新報出版センター、２０１４年）

第2章　仙台圏のアイヌ語地名

仙台市／富谷市・大郷町・大衡村／松島町・七ヶ浜町

沓形《くつがた》　仙台市若林区荒井

沓形のほとんどが仙台市地下鉄東西線の荒井駅エリアに当たる。現在土地開発がどんどん進み、変化している地である。白い駅舎を出ると、広く囲われた建築中の土地や、建築を待つばかりの土地が目につく。

国土地理院の地図・空中写真閲覧サービス写真を見ると、１９５２（昭和27）年（米軍撮影）のものでは、広く水田だけが写り建物はほとんど無い。それが１９７５（昭和50）年、84年と進むにつれてどんどん水田が減り、２０１１（平成23）年3月11日の東日本大震災の翌日撮影の写真には、東部道路が見え、津波の侵水地域と住宅地が大きく広がっていた。

一帯は土地開発前に遺跡発掘が行われ、弥生時代から古墳時代、平安時代までの古い暮らしがあったことや、水田が耕作されていたことが判明した。発掘成果で目を見張るのは、何といっても２０００年前の弥生時代に襲来した津波の痕跡が見つかったことだ。川が運んだ砂とは違う、粒子の大きさのそろった砂で水田が覆われていた。これは海から運ばれた砂で、大きな津波がここまで襲来していたことを物語っている。

この津波襲来で被災した水田は、その後古墳時代までの約400年間耕作されず、住民も現代と同じように、高台移転したらしいと、発掘関係者が話してくれた。当時の海岸線は現在より約2キロ内側だったというから、津波は約4キロ遡上《そじょう》したらしい。

弥生時代中期の水田跡は大小の畦畔《けいはん》で区画され、ほぼ方形を基調としていたという。水田が塩害などのために耕作できなくなって集落が壊滅し、人々はここを離れたようだ。

ここの地名は、なかなか難解だった。浜堤や後背湿地であったことから推定すると、「カタ」は和語で「潟」に通じ、比較的容易に解けそうだ。「クツ」が分からなかった。もし、アイヌ語であれば「コツ」が転訛《てんか》した「クツ＝窪地、へこんでいる地、入り江」などと簡単に解ける。しかしアイヌ語プラス和語の地名がそうそうあるものだろうか。語呂合わせをするわけにはいかない。試行錯誤し、もしやと思い山田秀三の著書や先人の見解をいろいろ調べてみた。

何と北海道利尻島にそっくり同じ地名があり、そこには沓形公園・沓形岬があり、利尻町役場の所在地も「沓形」だった。

山田秀三の解釈によると「クツガタ」は、「クツ・カ・アン・ナイ　kut・ka・an・nay　崖・の上に・ある・川」が、nayが消えて転訛したとある。しかし仙台の沓形は土地条件が砂の堆積した浜堤や低湿地だったであろうから「崖の上」は合わない。ところが、もう一つの解が記されていた。

「kucthi・kan（kar）・nai　クッチ・カン（カル）・ナイ　コクワの実・を採る・川」とあった。

コクワは私が北海道に住んでいた時、秋になると仲間に山へ連れて行ってもらって、よく食べたことがあった。コクワが仙台の、海の砂が運ばれてできた地に当時あったのだろうか。また疑問が湧いてくる。

荒井一帯は東部道路建設や地下鉄東西線建設にあたり、遺跡発掘が多く行われていた。沓形の近くでは押口遺跡、中在家南遺跡といった特徴的な遺跡があり、弥生時代の河道が確認されている。ということは、沓形も間近な地であることから、二つの遺跡に通じる川や枝川が流れていてもおかしくない。

発掘に関わった人に尋ねると、「小さな地名で区別されているが、この付近はほとんど一つの遺跡（集落）と考えて間違いない」という。ということは、沓形、押口、中在家南は一つの河道でつながっていたと考えられる。

次に気になる問題は、「コクワの実」のことだ。地名解ができても、コクワの存在はどうであろう。コクワとは別名サルナシのことで、本当にこの浜堤に育っていたのだろうか。無いと考える方が妥当なような気がしてくる。そう考えると絶望的である。

押口遺跡や中在家南遺跡の発掘報告書を読むと、遺跡から出土した植物についても詳しく解説されていた。その解説をしていた人に、ずうずうしく直接尋ねてみた。

仙台市地下鉄東西線荒井駅前

すると、「ご質問の荒井地区付近の中在家南遺跡（押口遺跡）、高田B遺跡、沓形遺跡で出土種子分析をしている。中在家南遺跡では弥生時代中期以降の堆積物を分析しており、弥生時代中期からマタタビ属（おそらくサルナシ、つまりコクワ）が出ている」と教えてくれた。

その他に、「着目種としては、現在あまり生育していないナラガシワや水生植物のヒシ属やゴハリマツモなどもあり、現在栽培に規制があるアサも普通に出てくる」「古墳時代中期以降は種類が激減し、オニグルミとマンネンタケ科しか出てこない」「少し離れた高田B遺跡でも似たような傾向で弥生中期にはサルナシ、マタタビのほかナラガシワやヤマブドウなど落葉広葉樹林の構成種と水生植物が同時に出土している」ともあった。

現代の荒井一帯の植生とは違う、思いがけない森や川があったことが判明した。さらに「古墳前期には種類数がかなり減少し、サルナシは出るが水生植物は姿を消す。平安以降はほとんど出土が無くなる」とも教えてもらった。

　コクワは、間違いなく生育していた。バッチリだった。一帯には、現在の土地の様子とは全然違うドングリの実やクルミが生育し、落葉樹などや水生植物も多い豊かな緑地だった。そして河道も確認されている。地名解は間違いないものと思う。一人で万歳をしてしまった。

地名を示す電柱の標識

コクワの実

　アイヌ語を話していた人たちは、川の沿岸を移動しながら漁や猟を行い、木々の実や草などの食物や生活用品を収穫していた。そこへ稲作文化を持った人々がやって来た。その人々は水を必要としていた。しかし、先住の人々と後からやって来た人々が同じ地で生活するようになっても、お互いの生活的要素や生産性が違うことから、特別争う必要がなく暮らすことができたのかもしれない。

同じ川の流れや水に関わる生活があったとしても、アイヌ語を話す人々と稲作をする人々の間では、互いに譲り合い、違う暮らしが可能だったのではないか。それで先住していた人々の使用していた地名が変えられることなく、そのまま残されたのだろう。時代の経過とともに、どんどん水田が広がった。コクワを求めるなどしながら暮らしていた人々は、違う地へ移動して少なくなったか、融合し混交していったのかもしれない。忘れ形見のように地名は残された。文字が充てられたのは、こうした経過の後のことであったろう。

鼻毛沼《はなげぬま》　仙台市若林区荒井

妙に気になる地名の一つだ。まさか、人の顔の一部が地名になっていようとは、お釈迦《しゃか》様でもご存じないのではないかと思う。

藤田新田エリアに鼻毛沼はある。泉区には鼻毛橋がある。似ているのは、どちらも川の流れに関係があるということだろうか。しかし、福島県には鼻毛山というのもあるから、一概に川と関係するとは言い難いかもしれない。

実はこの地名、アイヌ語で解くことができる。「ハナゲ」は「pan・ke　パンケ　川下の」となり、「パンケ」が転訛《てんか》して「ハナゲ」となり、「鼻毛」の文字が充てられた、あるいはその反対で、そこが沼であったので「鼻毛沼」となった。その意味は「川下の沼」となる。

ということは、かつては付近を川が流れていたことになる。沼は、縄文海進で海だったことを伝えているか、大水や洪水による川の流路変更で、元の川の一部が沼となって残ったことを伝えている。

鼻毛沼が下流の沼ということは、上流にも沼があったことになる。川上はアイヌ語で「pen・ke　ペンケ」であるが、早い時代に干拓されてしまったのか、あるいは名前が変えられたのか。存在は誰の記憶にも残されていなかった。さらに残念なことに、鼻毛沼の地名自体もすでに消えて、美田に変化していた。しかし、まだ地元の人々の記憶に残るほど新しい消滅らしい。できれば、残しておいてほしかった。青々と茂る稲田を見て恨めしく思う。

「川上の沼」の存在について、今は消えてしまったその場所を、小字地名や90年前の地図と地元の人々の証言により、いろいろ探ってみた。

藤田新田から荒井方面へ向けては、東日本大震災後、大々的に都市開発が進み、地名も大きく

鼻毛沼のあった付近は、現在は水田になっている

変更されていた。それでも「昔、ここに沼があったよ」などとの情報をたくさん寄せてもらった。水土里ネット・仙台東土地改良区所蔵の地図には、たくさんの沼の名が記載されていた。沼があるということは川が存在していたことにつながる。それに鼻毛沼から上流、つまり北に向かって、揚戸、広瀬、二又など川の存在につながる地名が残されていた。ちなみに、揚《あが》戸《と》は、舟で（陸地に）上がる所・船着き場を、二又は川が合流あるいは分岐して流れていたことを、「広瀬」はもちろん、川が広い瀬を作っていたことを伝えている。

また、2013（平成25）年の区画整理事業に伴う遺跡発掘調査で河川跡が見つかり、そこからは弥生時代中期・古墳時代中期・平安時代の土器や木製品が出土した。地名と川の存在が一致したことになる。

住宅地の周りに広がる水田や宅地は全体的に地盤が悪く、２０１１年3月11日の東日本大震災では、震度7の揺れと2メートル前後の津波浸水により多くの家が被災し、大規模損壊の家もあったという。開発以前は、川や海が作り出した低湿地や沼が存在していたことを示している。

泉区の七北田川にかかる鼻毛橋とバス停

残念ながら川の上手を示す地名、「pen・ke　ペンケ　川上の」に当たる沼は見つからなかった。「鼻毛沼」の地名とともに、確かにアイヌ語を話す人たちの暮らしのエリアになっていたことを伝えていると言えよう。

また、泉区根白石の「鼻毛橋」も鼻毛沼と同じ意味の地名であったろう。七北田川沿岸にあることから、川の氾濫洪水などにより自然に生まれた沼が上下にあったと考えられる。同じく上流の沼を意味するペンケの地名は消滅していた。

獺沢《おそざわ》　仙台市太白区秋保

地図を眺めていると、どう見ても急斜面の崖地帯である。災害に関わる所なのであろうか。川の流れに沿うように、秋保小学校や家々が並んでいるように見える地であった。

しかし地図は地図であり、平面的な判断しかできないのだと実感した。現地は想像していた地形とは全く違い、深いV字谷の地形だった。

獺沢川と名取川の作り出した段丘の舌状部があり、その先端部の高台に秋保長袋の集落が位置している。長袋のバス停から温泉側にわずかに戻ると急坂を下る道があり、そこからが獺沢の地だった。

小雪が舞う濡れた急斜面の途中に、まるで雛《ひな》段のような感じで家が並んでいる。谷間に下りる道の対岸には大きな崖があった。来る者をシャットアウトするような、武者姿の巨人が拒むように屹立《きつりつ》している。谷底を瀬沢川が流れ、両岸が崖地だったのであろう。流れの上に小さな橋が架かっている。橋に「瀬沢橋」の名がなかったら、沢の名も橋の名も確認できそうもない。

現在5軒ほどの家があるというが、1933（昭和18）年に引っ越して来たという人は、「戦後間もなくの大きな台風で川が氾濫し、大水が滝のように流れた。住宅のすぐそばの斜面を流れる小さな流れからも大水が流れたが、瀬沢そのものの流れが大水を飲み切れず逆流した。上流から倒木などがたくさん流れてきた。亡くなった人もあった。橋の両側に大人たちが縄やロープを張って流れてくるものを止めるようにした」と話した。

地図を見ると瀬沢川には、幾つかの支流がある。少し上流に水田を作っているという人によると、「この川は、台風の時期になると大水が出ることがあり、大水が出ると急流になる。その度に両岸の崖や土地がえぐられる。荒れ地が多くなったが、現在はずっと上流の白沢にため池があり、水量を調節するようになっている」そうだ。

地名は難解で、和語であれば「急峻な崖地があり、その崖が崩壊しやすい地」となりそうだ。確かに瀬沢橋のすぐ傍には大きな崖があり、2011年3月11日の東日本大震災では、崖の下の方が崩れて大きな穴が開いたそうだ。今も洞穴のようにぽっかり穴が開いている。

戦後すぐの災害や、水田を耕作している人の証言は、崖崩れだけではなく急激な大水が出やす

県道62号から下りる途中の急坂から大きな崖が見える

いことを伝えている。人の力で災害を予知できなかった古い時代には、川の流れが滝になるほど大水の出ることが何度となくあったと思われる。

「o・so・usi・nay　オ・ソウ・ウシ・ナイ　川尻に滝のある川」というアイヌ語が本来の地名解であろう。雪解けや台風シーズンになると、大水が出るために急斜面となる獺沢橋付近、支流が獺沢川と合流間近で、大水が滝のようになって流れ落ちる、季節によって滝が現れることからの地名であろう。アイヌ語の自然災害地名と思われた。

ところが何度か通ううちに川のそばの、一番低い地に住む人から、「合流地点からすぐ間近に滝がある」と教えてもらった。30代ぐらいの秋保小の卒業生は、6年生まで毎日のように滝

獺沢川の上流(右手)に、木立の中を落下する滝がある(池田洋二氏撮影)

つぼまで下りて行っては遊んでいたと話してくれた。

自然災害とは関係なく、アイヌ語地名解そのままに滝が存在していたのだ。「オ・ソウ・ウシ・ナイ」がそのまま生きることになる。滝は秋保小から見えるはずと聞き、お願いしてプールの近くから滝の存在を確かめさせてもらった。

「オソウシナイ」という地名が、住人や言葉の変遷とともに「オソ」だけが残り、それに和語の「沢」が付いた。あるいはカワウソを意味する難しい漢字が当てられて、カワウソがいる川と解釈されるようになってしまったのであろう。もしカワウソが住んでいたのであれば、他の流れにも住んでいたはずだし、同じ地名が近くにもみられてもよいはずである。地名は漢字からだけ判断するのは要注意である。

ちなみに、ニホンカワウソは明治時代まで北海道から全国的に住んでいたそうであるが、乱獲や開発により激減し、2012（平成24）年に絶滅種に指定された。

折葉《おりは》　仙台市青葉区

仙台市に合併前は秋保町長袋の地名だったが、現在は青葉区になった。

秋保長袋から白沢へ向かう途中に「折葉」という名のバス停がある。その付近から白沢川が国道48号の交差点へ向かうように流れている。途中でおかしな流れになっているのが見えて、車を止めて付近を何度も往復した。大きく蛇行しているらしい。堰堤《えんてい》があり、そこから分流もしている。

この地名を、地元の人たちは、「オリッパ」と呼んでいた。どうも気になる。どのように解けるのかと、頭の中でいろいろと地名解が生まれては消えまた現れる。和語では変な地名だ。アイヌ語で解けるのかと思い、山田秀三の著書や知里真志保の著書を開いた。

折葉の地にはバス停はあるが民家はないように思えたが、国道457号沿いに点在していた。さらに途中から西へ上る道があり、軒並みという感じで家が並んでいた。

道を上り詰めた付近の家で聞くと、川の近くでは現在3代目とか4代目という家が多かったのに、自分は14代目であると、75歳の男性が話してくれた。江戸時代から山守をしており、お茶屋をしていたという。道沿いに山守に関係していた家が4軒ほどあるのだそうだ。

以前は狭い道だったそうで、山に向かうと林道になり、戸神山へ向かう道と峰沿いの道は秋保町の野中に出る二口へ向かう道になっているという。それを裏付けるように、小牛田山神尊と彫られた大きな石碑があり、「右ハ○○道、左は○○道」と記された道標があった。残念ながら石碑の文字は、肝心の所が磨滅していて読めない。現在この石碑は集落最後の峠近くにあるが、以前はもっと白沢川へ下りる途中にあったという。

「オリッパ」の地名は、白沢川の流れる様子をアイヌ語で命名したのではないかと思われた。箱倉山の方へ分流し堰堤が築かれている地点から、流れが急激に蛇行している様子が見える。道路側からでは蛇行の向こうの様子が見えないので、その川の巡りに沿った地の民家にお願いして川の様子を見せてもらった。

川は道路側から大きく鋭角のような感じに袋状の流れを作り、さらに東の箱倉山裾に沿うように緩く蛇行して白沢方面へ流れている。初めの蛇行の箇所は、まるで竜が頭を上げて突き進むよ

山神尊の石碑が道標になっている

うな、ちょうど亀の頭のような形に流れている。岩盤の上を何度も段差を作りながら流れているのが見えた。しかも最初の曲流する箇所は、大水になるとこの家の屋敷を打ち砕くようにぶつかって流れてくるという。そのため真新しい蛇籠《じゃかご》が3段に積まれていた。

2016年8月の台風5号による大雨の際は、3段積まれている蛇籠を越え、屋敷面から数センチの高さまで川が増水して、「あふれてくるのでは」と危ぶまれたそうだ。川はそこからさらに屋敷周りを囲むように蛇行を繰り返して流れ、さらに幾重にも蛇行が繰り返されてから国道48号の方へ流れ落ちている。

このように川が蛇行している様子を、アイヌ語で「ホロカとかホルカという」と、知里真志保著「和人は舟を食う」にある。

「ホロカ　horka」とは、「後へ戻る、後戻りする」という意味の動詞で、これが形容詞として川の名に多く使われるようになった。その地名は北海道全土に分布しているという。「後へ戻る」というのは、川がN字のように流れている様子でもあるとあった。

　古い時代、川に沿って食料や住まいを求めて移動していたアイヌ語を話す人たちならではの地名の命名法である。「水が後戻りするのではなく、人が後戻りする。どういう地形かというと、川の流れがほぼN字形に回流している部分をさすのである。実際はNの上下の角がもっと円味を帯びている」ともある。川はまさにN字状に流れていた。

　岩手県一関市大東町では折壁《おりかべ》の地名が、その「ホロカ・ペツ」「ホルカ・ペツ」であるとアイヌ語の先生が現地調査の際話してくれた。折壁の地名の発音は「オリカベ」である。何となく「オリッパ」に通じてはいないだろうか。

折葉のバス停

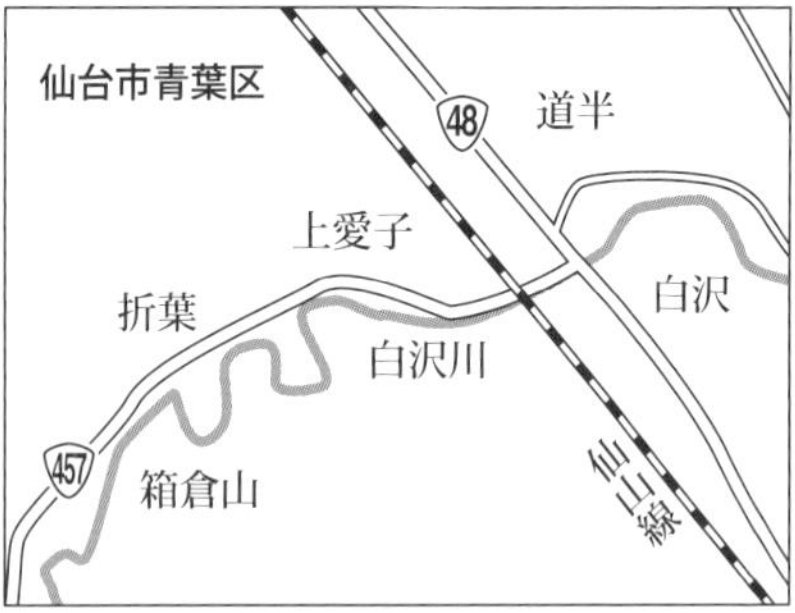

白沢川の位置と蛇行の様子

古い時代に「ホロカ・ペッ」、「ホルカ・ペッ」と耳にした人が、「オリカ・ペッ」と聞こえ、「オリッパ」と聞き、「オリ」のところに「折る」の文字を、「ペッ」を「パ」と聞き、「葉」の文字をという具合に、もっともらしい漢字を当ててしまったために、発音が変わったと考えられる。現代になって行政でも文字を、そのまま読ませて「オリハ」という地名が生まれてしまったようだ。

行政では地名を当てられた漢字通りに読むことも大切かもしれないが、地名は漢字が本来ではない。こうしたことを知ることも、後世の人々が地名を知り、防災などに役立つものにするためのチェックポイントの一つであろう。できれば地元の方々が、古い時代からどのように発音していたのかを確認して表記することも、大切なことと考えてもらえたらうれしい。

愛子《あやし》　仙台市青葉区

知らない人には読みにくい、いわゆる難読地名の一つだが、とても愛らしい地名で、誰にも慕われるに違いない。天皇家の愛子さまご誕生の際には、全国的に報道され、ＪＲ愛子駅発券の切符も話題に上った。

この愛《いと》しい地名の由来について「安永風土記」は、「当時横町と申す所に相立ち申し候《そうろう》子愛観音之有り候を以て当村の名に申来り候由御座候」とあることから、子愛の文字を入れ替えて地名としたというのが通説になっている。

確かに愛子には観音堂があり、お堂の前には地名由来を書いた掲示物が立てられている。祭られている子愛観世音は、１１８７（文治３）年定澄の作で、江戸時代初めには輪王寺（仙台市）の末寺補陀落寺があったとある。この寺と子愛観音堂の建立時期には違いがあり、子愛観音の方がずっと古い時代になる。愛子の地名は鎌倉時代初めにはすでにあったことになるだろうか。

現在の愛子エリアはとても広くなり、地名発祥の地は不明で、江戸時代には上愛子村と下愛子村があった。現在は都市化され、家の数も多くなった。地名の付けられた頃には、まだまだ低湿

愛子の観音堂

地の広がる地であり、人々は微高地や高台に多く住んでいたのではなかったろうか。その証拠に、現在のような宅地造成がなされる前の絵図などを見ると、低地には田んぼが広がっていた。地名は本来それほど広い所に付けられたのではなかったであろう。地名は、一般庶民の生活に必要なため名付けられる。

　愛子の地名は、木々が茂り、野山が広がっている自然環境にある植物に由来しているのであろう。「アヤシ」は、アイヌ語で「ay・usi　アイ・ウシ　棘《とげ》のささる所・イラクサのたくさんある所」と解くことができる。山菜のイラクサのことを私たちは「アイコ」と呼ぶが、「〜こ」という話し方と同じ意味になるのであろう。それをそのまま「愛子」という漢字に当てられた。訓は昔から「アヤシ」であることから、「アイ・ウシ」が「アヤ・ウシ」と転訛《てんか》し、「アヤシ」と詰まったのであろう。風土記に記された子愛観音が地名になったとするには、少々無理がありそうである。

愛子にはキリシタン伝説があり、通称西館（下愛子字館）と呼ばれる地に住まいしたという伊達政宗の長女五郎八《いろは》姫はキリシタンであったとされる。また、鬼子母神堂は盗人神とも呼ばれ、参拝法は少し変わっている。祭礼が夕方から夜間にかけて無言で人目を避けて行われるという。お参りは、戸主が袴を着け雨戸を一枚外し、縁側から出入りすると下愛子村御用書上に記されていた。

日辺《にっぺ》　仙台市若林区

笊《ざる》川が名取川と合流し、さらに広瀬川と名取川が合流している地点で、古くから洪水氾濫原である。地名が付けられた頃には、かなりひどい洪水常習地であったろうと思われる。日辺のエリアは自然堤防上に位置している。

仙台市のホームページを見ると、日辺は広瀬川と名取川の合流点で、アイヌ語で「川が合わさる」という意味であるとなっている。また、国土交通省のホームページでは、名取川のこととして、藩政時代の２５０年間に52回の洪水が記録されているとある。

「川が合わさる」という地名解の出自は明記されていないが、洪水がたびたびあったことは間違いないであろう。約１００年前の地図で川の合流点付近をみると、まるで竜がうごめいているような川筋の様子が記されていた。たかだか１００年前の様子がこのようであるならば、地名が付けられた頃には、さらにひどい流路であったろうと推察できそうだ。

その様子から和語で名付けられた地名が、日辺の対岸の袋原である。これは、大きく袋状に蛇行

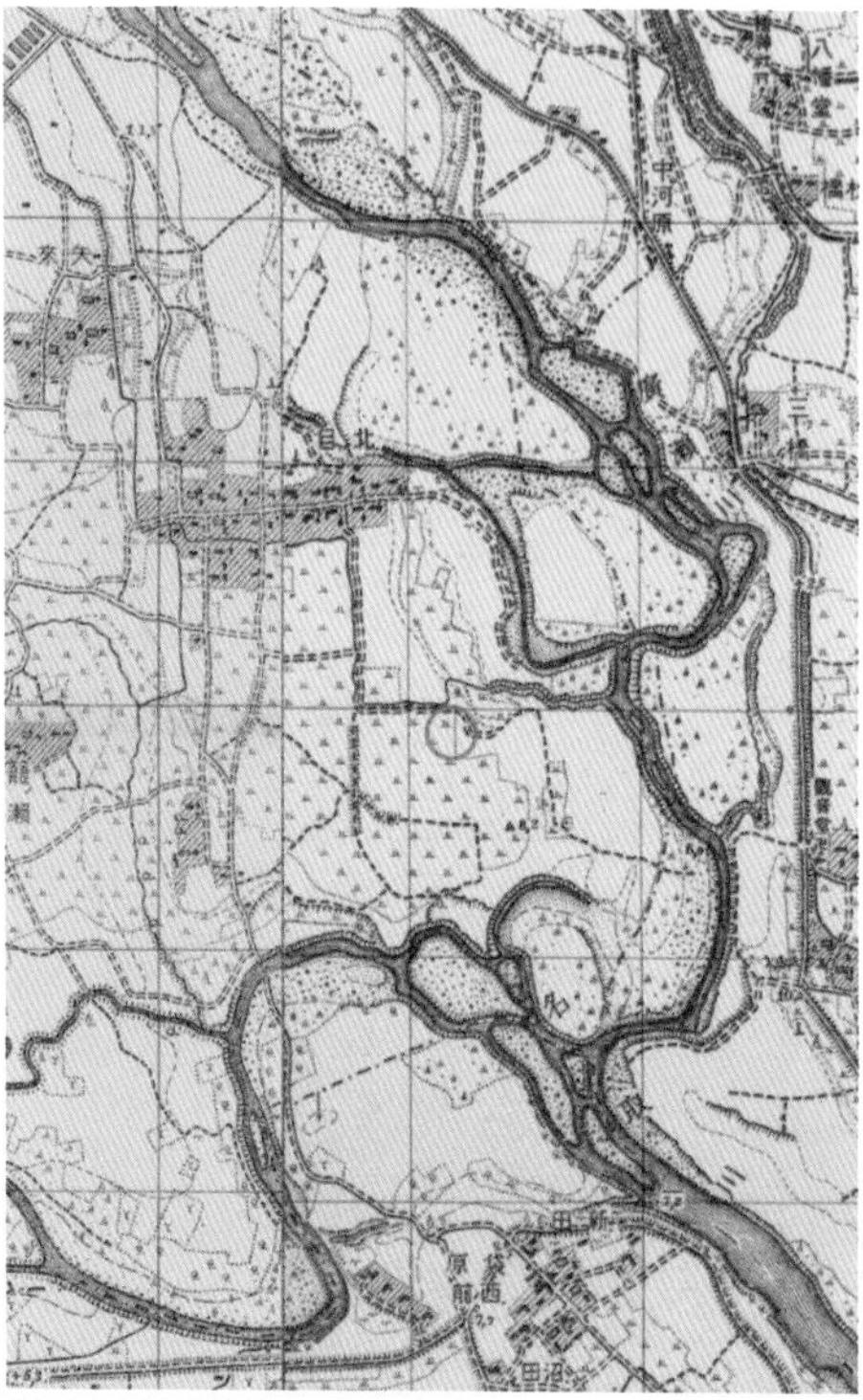

1905（明治 38）年、大日本帝国陸地測量部の測図による広瀬川、笊川、名取川合流点付近の流路の様子（「風の時」編集部所蔵）

して川が流れ、そうしてできた土地を開発したという意味の「ハリ」が「ハラ」と転訛《てんか》したのであろう。

それに対して日辺の地名解は、アイヌ語で「ni・pet　ニ・ペッ　木や流木・川」と解け、「洪水で運ばれて来た流木が集まりやすい地（川）」であったことを地名にしたのだろう。

アイヌ語を話す人たちは、これらの流木を薪《たきぎ》などに利用したのではなかったろうか。私も若い頃、北海道・釧路市に近い白糠町の山中で暮らしたことがあったが、そこでは川から流木を拾い、乾燥させて冬の燃料にしていた。私も馬車に積んで売りに来たものを、薪《まき》ストーブの燃料として使用していた。現在のように電気や化石燃料を使用する生活とは違い、自然の物を利用する生活があったことを、地名からもうかがうことができる。

アイヌ語には、こうした自然災害を伝える地名が意外に多いのも特徴といえるのかもしれない。

案内《あんない》　仙台市宮城野区

友人が住んでいたことから度々ＪＲ東仙台駅で降りたことがあった。現在と比べると住宅地も少なく、駅前には案内車庫と呼ばれる仙台市交通局東仙台営業所があった。旅館の名前にも案内荘があった。まだまだ水田が広がっていたと思う。それに案内公園や案内住宅というのもあった。

懐かしい地名を冠した施設があちこちにあるようだが、地名としては消えてしまった。燕沢や東仙台という住所表記に変更されている。それでも宿や公園、踏切やバス停などにまだ残されていて、少しホッとする。燕沢のお店では、案内の住所から燕沢に変更されたと話していた。

地名のいわれとして、伊達政宗が岩切城を攻めようとした際、この地の百姓が道案内をしたことで、勝利に導いたことから案内になったとされている。文字から生まれた解釈で、本来はアイヌ語で解くことができる。

アンナイは、アイヌ語で「an・nay　アン・ナイ　ある・川」となり、「今見える川の他にもう一つの川がある」というような意味になるという。エリアを流れているのは梅田川の支流の高野川であるが、藤川も流れていることにも由来する地名であろうか。

バス停のある左側は案内の住所だったという＝仙台市宮城野区燕沢

しかし、アイヌ語を話す人たちが暮らしていた頃には、どちらの川とも分けられないような流路や、大雨などで流路変更が何度もあったのではないかと思われる。洪水などの強い流れで新しい川道が生まれると、それがもう一つの川となって姿を見せるということになるのかもしれない。以前は苗代沢などの地名も近くにあり、一帯は水の道が自在に変わりやすい地形だったかもしれない。

それにしてもたやすく地名が消えてしまっている。自然災害を伝えていた地名だったと思われるので、消されてしまったのは残念である。

四ツ辺《よっべ》　仙台市宮城野区

七北田川に沿って県道139号を蒲生海岸方向へ向かい、高砂橋を渡って間もなくの川沿いの土手状の地が、四ツ辺である。東日本大震災以前は自転車道となっていたようだが、ほんのわずかな面積の地で、他の地名に取り入れられたり、消されてしまわないかといつも心配している。大事にしてほしい地名の一つである。

すぐそばに干拓されたと思われる鍋沼の地名があり、本来はこの沼などとともに、川の流れがあったことを伝えているのではと推測している。あるいは、七北田川の付け替え以前からこの川があった可能性がある。

なぜなら、岡田小学校周辺に川が蛇行して流れていたことを示す、「中袋、萩袋、雑魚袋《ざっこぶくろ》」などの袋地名が並んでいる。

「四ツ辺」はこの川の下流に位置し、アイヌ語で「yospe　ヨシペ　腸、川が腸のように屈曲している」となる。これが「ヨッペ」と詰まり、さらに「ヨツベ」と転訛《てんか》し、まるで四角形を思わせる漢字が充てられた（逆もあるかもしれない）。これは、川がおなかの中の腸のように蛇行

川沿いにある四ツ辺の付近

して流れていたことを伝えている。
あちこちで大雨のたびに氾濫することから、「袋」地形の地名が多くあるのであろう。
七北田川が、江戸時代に付け替えされていることから考慮すると、アイヌ語地名があるということは、アイヌ語を話していた人たちが、暮らしに必要な地として名付けたと考えられる。やはり付け替え以前から別の川も流れていたことになりそうだ。地名は、名付けられた当時の、過去の地形を正しく伝えている。
その後、新田開発などで稲作をしやすいように、土地の変遷があり、現在のような用排水路が整備されてきたということになるであろう。

骨葬畑《こつそうはた》　仙台市宮城野区

かなり以前から気になっていたが、どうやらすでに消えていた地名のようだ。独特の文字表記から住民にとっては、悪印象が強かったであろうし、変えてほしかったであろうと思われた。やっと探し当てて訪ねると、現在の地名は「堀切前」となっていた。骨葬畑の地に住んでいた人は「(骨葬畑は)感じが悪いんだよね。病院なんかへ行くとね、びっくりされたりしてね。ずいぶん前に、みんなで市にお願いして変えてもらったんだよ」と話した。

明治時代の記録には骨葬の地名もあり、骨葬畑の隣に位置していたのであろうが、地元の人の記憶には残されていなかった。この地名は、今は見られなくなった川が、古い時代からこの一帯を流れていたことを伝えている。

「コツ」は、北海道の支笏湖《しこつこ》などのコツと同じで、くぼんでいるとか、低地になっていることを伝えるアイヌ語地名であろう。アイヌ語で「ソウ」は、滝や滝状に段差をもって川が流れていた箇所であることを言っている。

アイヌ語での滝は、われわれが考えるような高さがある大きなものとは限らない。30チセンとか50

程度《チセン》の段差でもソウと呼ぶのだそうだ。

つまり、この地名は、アイヌ語で「kot・so・nay　コッ・ソウ・ナイ　凹地、くぼ地・滝・川」と解け、川の流れが段差をもって流れていた、あるいは小さな滝つぼ状に水が落ちながら流れていたことを示す。「ハタ」は畑ではなく、エリアのハシ（端）の地であることを伝えている。

新田開発がなされ美田となった一角に、川の存在を認めることができなくなっているが、現在でも川の存在を示す地名が付近には多くある。例えば、沼沢、萩袋、中袋、雑魚袋《ざっこふくろ》、袋西がそれである。袋の地名は、川が大きく袋状に蛇行して流れていたことを伝えており、さらに蒲生海岸へ向かうと四ツ辺や鍋沼の地名がある。

四ツ辺はアイヌ語で、人のおなかの中の腸のように川が蛇行しながら流れていたことを示す。鍋沼は古い時代の洪水などで取り残された跡や、縄文海進・海退で海の一部が取り残された地であることを伝えている。

さらに上流には鶴巻や腰廻《こしめぐり》の地名があり、江戸時代に付け替えられた七北田川とは違う川の存在があったことを伝えていた。

新田開発当時は、水を制御しながら水田を耕作していたはずで、ぬかり田での農作業はかなり大変だったろうと想像される。骨葬畑の人に尋ねると、宅地は2《メートル》以上土盛りをしているが、田んぼは膝下までぬかる（ささる）田んぼだったという。昭和の農作業でもこの程度にぬかる土地

だったのであるから、この地名が名付けられた当時は推して知るべしであろう。
　こうした地名は、古くから自然災害があったことも伝えている。それは洪水であり、津波でもあった。東日本大震災でも津波が届き被災した。エリアから上手に念仏田の地名があるが、今回の津波被災地にはこの地名が多いのも気になる。
　それにしても、なぜ、このような漢字が充てられたのか、地名は漢字から解読しないのが基本である。

志戸田《しとだ》　富谷市

国道4号により東西に分断されている地帯で、七つ森など奥羽山系の延長線上の突端に位置している。4斗の米が収穫できたことからという伝承があるが、「シト」は大崎市鳴子温泉の尿前《しとまえ》の「シト」と同じで、「si・tu　シト大峰が入っている」という意味のアイヌ語で解け、「ダ」はそうした所となる。現地は、まさに丘陵から峰が水田の方へ向かっている地形である。

峰の先に平地が広がり、古い時代には水田や湿地が多かったと考えられる。人々は尾根に沿った地や峯の麓に住み始めたのであろう。

行神社境内から見える志戸田の水田

旧富谷町が属していた黒川郡の名は六国史《りっこくし》の「続日本紀《しょくにほんぎ》」にも記載があり、志戸田の塩釜地区に延喜式内社行神《ゆき》社が祭られている。地元の人によると、ご神体は塩釜神社（塩釜市）の方から塩焼きの釜が飛んで来て、境内前の池に落ちたという。また、エリア南面にはお薬師さまが祭られ、境内にはお不動様も鎮座していた。

昔から農業用水の苦労が多く、江戸時代の肝いり千坂半左エ門らが三代にわたり隧道《ずいどう》を掘り、用水路の完備を成し遂げたという。行神社の北側の麓に隧道の入り口が見られる。

粕川《かすかわ》　大郷町

たびたび洪水の被害を受けてきた旧品井沼沿岸の集落で、現吉田川がまだ品井沼に注がれていた頃の注ぎ口に位置していたという。

現粕川も依然として吉田川に沿った集落だが、品井沼の干拓が始まった元禄年間（17世紀末）には、湿地帯が広がっていたと推測される。

吉田川土手近くの粕川集落

粕川とは、川の水が白濁していることをいうと地名語源辞典にあるが、濁るのであれば上流から濁るべきではないか、なぜこの辺のみが濁るのか不自然だった。一帯は沼や湿地帯が乾いていった後の広い水田地帯で、比較的新しい歴史の家が並ぶ。

地名の謎というのは、興味深く手ごわい。鏡味完二著「日本の地名」に、カスは「kas・u、kasuy」というアイヌ語で解けるとあった。知里真志保の著書には「kas・u　カす　上を越す、川を徒渉する」とあり、さらに「kasuy　カすイ　徒渉する」とある。この辺りは、夏の渇水期などには、歩いて川を渡ることが可能な地点だったようだ。数年前の夏の渇水期には、あちこちの川で水量が激減し、大きな川を歩いて渡ることができた。また、洪水で運ばれた砂が堆積し、川を渡りやすかったのかもしれない。

不来内《こずない》　大郷町

表記が漢文式になっているので、返り点を付けて読むとよい。いかにも和語のようだが、アイヌ語で、「kot・nay　コツ・ナイ　窪んだ、谷間・沢、川」、つまり川などの入り江になっている地と解釈することができる。

かつては品井沼の沿岸に位置しており、古くは野蒜《のびる》から鳴瀬川を遡上《そじょう》した海水が入り込んでいた。沼は元禄年間（17世紀末）から干拓が始まったが、その入り江にできた集落である。一帯には要害の地名もあり、早くから人々の暮らしがあったと思われ、沢に沿って家々が並ぶ。

江戸時代の記録「安永風土記」では「こぢな

美田となった、かつて入り江だった地

い」、「正保郷帳」では「フッキナイ」と読まれている。地元の人は、「コズネエ」と呼んでおり、これは、「コッ・ナイ」が「コヅ・ナイ」となり、さらに「コズ・ネエ」と転訛《てんか》している。

北側に吉田川が流れ、沼や湿地が長い時間をかけて干拓され、広い美田に変えられた。河川の整備や圃場整備により近年は少なくなったというが、かつては洪水の被害をたびたび受けた。ちょっと昔には、大雨が降ると民家のすぐ近くまで吉田川の氾濫水や吐き出しきれない水が迫ってきていたという。

エリアには、「おしげさま」と住人から親しまれる深谷神社が祭られている。

達居森《たっこもり》　大衡村

この森は、国道4号から、大衡村役場や万葉の森と反対の方向にある。西側へ向かって、道なりにどこまでも進むと、達居森と湖畔自然公園に到着する。キャンプ場や遊歩道があり、とても人気がある。たくさんの家族連れや友達同士がテントを張って、キャンプを楽しんでいる。

達居森と湖畔に張られたテント

鳴瀬川水系の一つ善川に建設された牛野ダムの沿岸にある森の名前で、「タッコ」は、アイヌ語で解け、森は和語地名になる。

「タッコ」というのは、「tapkop　タプコプ離れてぽつんと立っている円山、尾根の先端にたんこぶのように高まって見える山」というアイヌ語が詰まったもので、ポコンと見える山や独立丘を意味している。和語だったら、さしずめタンコブ山とか、ダンゴ山といったところだろうか。

地図を見ると、この森の近くには「女達居《めだっこ》山」がある。陸上自衛隊の王城寺原演習場もあり、湖畔公園のすぐ近くから、侵入禁止になっている。

登山の場合は、大和町側からと、この湖畔からの登山口があり、あまり高くないので人気のスポットでもあるようだ。遊歩道を歩くと、春は野の花が咲き、夏はダム湖畔の緑が気持ちよい。時々演習の音が聞こえる以外は静かな地である。

歌《うた》の入《いり》　松島町北小泉

松島町の中心部から松島第二小学校に統合された北小泉の第四小学校のあった方へ左折して進むと、ＪＲ東北線品井沼駅前方面からの道と交差する。さらに品井沼駅方向へ行くと、右手に山の岩をうがって仏様が祭られている。仏様の左手前方を上る沢が歌の入エリアである。

「ウタ」は、アイヌ語の「オタ　ota　砂や砂浜」の変化したもので、小樽のオタと同じ意味になる。「イリ」は同じくアイヌ語の「ir　イル　続く、ひと続き」で、「砂浜が続いている地」という意味の地名だったようだ。「イリ」は和語でも、そのまま砂浜が入り込んでいる様子をいう。「歌の入」は、「砂（砂浜）の入りこんだ地」となる。かつて鳴瀬川が川の位置を定めずに自由に流れていたことを伝えており、品井沼へ続く太平洋からの潮道がこの一帯を広がりながら入り

かつての川道に砂が運ばれて堆積し、農地になっている

込んでいたこととも関係していたのであろう。
そうした時代には、洪水氾濫が何度もあった地なのであろう。次第に後退したり、土手が築かれたりして水の道が定まるようになると、新田開発などが進み、現在の地形に近づいたのだろう。干拓されて海や川の形跡は見られなくなっているが、地名が必要と感じて命名された時代には、海や川が運んできた砂が入り込んでいた。そんな所が歌の入だ。

釜《かま》ケ《が》沢《さわ》　松島町竹谷

　早くから中央政権の力が届いていた可能性がある地域で、向かい側に続く丘陵には横穴墓古墳群や貝塚がある。アイヌ語を話していた人々と和語を話す人々の暮らしが交錯し、人の移動や繁栄の跡が見られる地である。

「釜」の文字が使用されていると、塩焼きの釜があったことも考えられるが、この一帯にはそうした伝承はないようである。

　どちらかというと地質を表している地名のようで、アイヌ語の「kama　カマ　扁岩《へんがん》つまり平たい岩や岩盤」の地がこの辺りに広く続いていたか、多く見られたのであろう。沢なので川

左奥に鳴瀬川と吉田川の土手が見える、釜ヶ沢の地

や水の流れがあることになり、岩盤の広がる上を沢水が流れていたのであろう。

現在目の前で見ることができなくなっていても、開発されるまではそうした岩盤が続く地であったことを地名に託しているといえる。松島町手樽には、やはり釜沢の地名がある。

志戸内《しどうち》　松島町初原

初原地区の地名である。ＪＲ東北線の旧松島駅周辺は、現在住宅地になっており、南側へ入った行き止まりの地が志戸内である。奥は大きな沢になっているのが確認でき、現在はまるで沼のように水がたまっているのが見える。

行政や一般的には「シドウチ」と発音されているが、元気なら今は１００歳を越えるおじいさんが「シドナイ」と呼んでいたと、家族が話してくれた。また、１９４７年生まれの男性も、「シドナイ」と呼んでいたのを何度も聞いていると話した。

また、１８８４（明治17）年か85年ごろにまとめられた「宮城県各村字調書」にも、やはり

尾根の間に沼のように残った沢

「シドナイ」と振り仮名が付いている。いつの頃からか、漢字が読み替えられて、現在のシドウチとなったのであろう。これは、よくあることである。

シドナイは、本来は「si・tu・nay　シ・ト・ナイ　大きな・峰・沢、（沢と沢に挟まれた）山の走り根のある川や沢」をいう。周辺は大きな峰の端々が幾つもの谷間を作っており、その谷間にできた沢の一つが志戸内である。本来この沢は、通称利府街道を横断して線路のあった方へ流れていたようである。線路が敷かれ、駅舎ができ、住宅が増えていくうちに分断されて、いつのまにか沼のように残されてしまったのであろう。

松尾芭蕉が通った大崎市尿前《しとまえ》もほぼ同じ意味になる。

手樽《てたる》　松島町

もともと松島湾の一部で入り江になっていた所であるが、１９５６（昭和31）年に、駅周囲の手樽浦を干拓する工事が始まり、68年に完了した。

地名が付けられた頃には、入り江の砂浜地帯が道になっていたか、小舟を使用して海へ出るような交通手段だったのであろう。

現在は「テタル」と発音されているが、本来は「オタ・ル」、あるいは「オタ・ウン・ル」であったかもしれない。アイヌ語の「ota・ru　オタ・ル　砂あるいは砂浜（の）・道」、あるいは「ota・un・ru　オタ・ウン・ル　砂浜に・

手樽浦の干拓記念碑

ある・道」となり、いつの時代かに現在のような文字が充てられ、その漢字を読んで「テタル」と転訛《てんか》したと思われる。

同じような地名が北海道に小樽や歌露《うたろ》がある。小樽の場合は川があったようで、松浦武四郎は「ota・ru・nay　オタ・ル・ナイ　砂浜の・道（のところの）・川」と解き、歌露の場合は山田秀三が「ota・or　オタ・オロ　砂浜の・所」、あるいは「ota・ru　オタ・ル　砂浜の・道」かと、解いている。

松島湾は縄文の昔から温暖な気候で食材が豊かであったことから、貝塚がたくさんあることで知られている。その豊かな湾の砂浜に沿った道を幾度となく歩く人たちがいた。美しい松島湾を眺めながら、山手へ向かう人も、浜沿いの道を歩く人もいたに違いない。

JR仙石線の手樽駅は、1928（昭和3）年に宮城電気鉄道の駅として開業した。干拓以前の手樽浦を横断するように土手が築かれており、干拓されたことは、新しい記憶として人々の間に残っている。

品井沼《しないぬま》　松島町

ＪＲ東北線の駅名に「品井沼」があり、松島町の地名に「幡谷字品井沼」がある。沼そのものは元禄時代（17世紀末）以降の干拓により全てが水田となり、現在は目にすることはできない。とても大きな沼だったようで、古くは太平洋に注ぐ鳴瀬川から続く大きな入り江だったかもしれない。沿岸には鹹水《かんすい》性の貝塚が残されている。

筆者の実家にあるセピア色の写真を見ると、大郷、松島、鹿島台町や多分宮城県などの行政関係者と、干拓事業に携わった人たちが写っている。沼の干拓が一大事業だったことの証しか

今は美田となった品井沼

もしれない。

漢字の表記だけからは、アイヌ語とは思えない地名だが、沼だけが和語で、「シナイ」をアイヌ語で解くことができる。「si・nay　シ・ナイ　本当の・親の、沢や川」で、「シ」には「大きい」という意味もあるが、ここは大きな川でも沢でもないことから、「本流の流れ込んでいる沼」という意味が合う。

品井沼周辺には、吉田川と鶴田川、高城川が流れている。吉田川の下流は干拓により野蒜《のびる》まで人工的に延ばされた川で、古くは沼に流れこんでいたので、現在のような下流はなかった。高城川も沼の水を抜くために、人工的に松島方面へ流した川である。

どうやら残りの鶴田川が、品井沼の地名の要因となった川らしい。鶴田川というのは和語で

品井沼の水を流すために開削された元禄潜穴の穴頭(鈴木光太郎氏撮影)

あってアイヌ語ではない。上流へとたどって行くと、旧三本木町エリアまで続いているのが確認できる。そこには地図表記上青線と呼ばれる狭い川があり、発信点は志内田《しないだ》という沢になる。同沢から流れ出した小さな川がやがて駒場川となり、さらに鶴田川となって品井沼へ流れ込んでいた。

地名は漢字表記が正しいのではなく、どのように発音されていたかが大切になる。志内田と品井沼の「シナイ」は同じ発音であることに注意したい。

アイヌ語を話していた人たちは、川を上り下りして狩猟をしたり、生活の糧を得たりしていたので、川の流域をしっかり記憶して暮らしていたのであろう。

品井沼周辺には、アイヌ語で解ける地名が多く残されているのが特徴となっている。

小友《おとも》　七ヶ浜町東宮浜

小友の地形は、古い時代は入り江状になっていた。

高台から見た小友の様子。古い時代には右手奥まで砂浜が続いていた

現在エリアをまたぐように東宮—小友線という町道が走っているが、以前の道はずっと低い位置にあり、入り江が深く砂浜が奥まで続いていたと、地元の人が話した。通学路としての古い道は、大雨が降ると長靴が潜るような状態だったという。道が高くなって安心して通行できるようになったらしい。もともとの小友は、現在の小友浜の地形とは違っていたようだ。

もともと小友浜や小友浦と呼ばれ、お椀《わん》のような地形に砂浜が高台に向かって深く入り込んでいたと地元の人は語る。1955（昭和30）年から75年ごろまでノリやアサリ、天然カキを各自で採って暮らしていたと語る人もいた。

海に面して宅地になっている所は、埋め立てがなされているそうで、本来の入り江や砂浜の様子を見ることはできなくなっていた。

小友はやはりアイヌ語で解けるが、岬（enrum　エンルム）を意味する小友とは違い、「ota・moy　オタ・モイ　砂浜の・入り江」の地形であるようだ。同じ漢字を用い、同じように発音していても、全く違う意味となる地名の見本みたいなものである。慎重な調査解明が必要である。

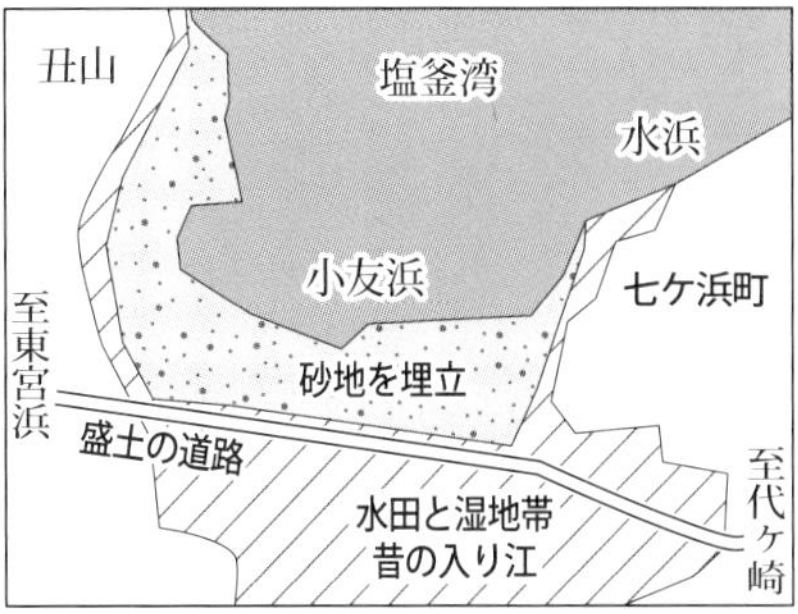

地元の人の記憶をもとに描いた古い時代の小友の地形

第3章　内陸中部のアイヌ語地名

大崎市／加美町・涌谷町・美里町

鎌巻《かままき》　大崎市鹿島台

鳴瀬川の右岸に位置し、西の方から吉田川が流れている地である。古くは品井沼の沿岸あるいはその沼が次第に乾いていった地に当たり、古くから洪水に悩まされた地であったろう。

鳴瀬川は古い時代から改修されつつも、現在とあまり違わない所を流れていたようだ。吉田川は品井沼干拓のために沼だった地より下流は、後世人工的に掘られた川である。

かなり以前の事になるが、鎌巻の地名解を話してくれた人がいた。空から見ると草刈り鎌のような形の所だからというものだった。しかし、この一帯に空からとまでは言わずとも、標高の高い丘陵などは全くない。どこから地形を俯瞰《ふかん》できたのだろうかと疑問が生まれる。

この地名がいつ頃の命名かは不明だが、きっと飛行機がなかった時代からあったと思う。

地名は、行政的に使われる「鎌巻」と、字名の「鎌巻」がある。字鎌巻のエリアは、鳴瀬川の流れに沿うように家が並んでいた。街の方から来ると川の土手沿いには鎌巻と西向袋、さらに西新川・下新川の地名があり、西側には広い面積で大谷地の地名がある。大谷地の地が品井沼を干拓した地であると地元の人が話してくれた。

二子屋橋方向から見た「字鎌巻」。右が鳴瀬川の土手、手前が吉田川の土手

広域の鎌巻には、ご先祖様が山形県東根市長《なが》瀞《とろ》から開拓に入ったという人々がたくさん住んでいる。エリアを歩くと、「百折不撓《ふとう》」と記された品井沼開拓発祥の碑が建てられていた。その裏面には、初めて入植したのが明治四十二（１９０９）年十二月二十二日と刻まれ、その後に入植した人々の名前がある。

最初に入植したという家の人に聞くと、「先祖たちは牛を連れ、歩いて関山峠を越えてここまでやって来た。現在の屋敷は２度目に落ち着いた地で、初めは少し離れた地に長屋を建て、そこにみんなで住み、開拓が始まった」と話してくれた。

品井沼は元禄時代（17世紀末）から干拓が始まったが、字鎌巻の地は鳴瀬川が作った自然堤防上にあり、１９８６（昭和61）年８月５日の

品井沼開拓発祥の碑

集中豪雨による洪水では、比較的被害が少なかった。大谷地の方より土地が少し高いようだという。

鎌巻の地名の「カマ」とは、アイヌ語で川底などが岩盤になっていることを、「マキ」は和語で、川の流れがひどく蛇行していたことからの地名であろう。字鎌巻の番地は、現在の吉田川に架かる二子屋橋に近い所から始まっていた。付近は古い時代に流れていた小川《こがわ》と鳴瀬川の合流点に近い。合流点は現在の二子屋橋より少し下流に位置し、古い二子屋橋も現在地より下流にあったという。

吉田川は松島町と鹿島台の境界を流れ、鳴瀬川は美里町と鹿島台の境界を流れている。二つの川は二子屋橋近くで平行に流れ始める。鎌巻は松島町竹谷と対峙《たいじ》しており、タケヤの「タケ」は崖地や岩場を意味する地名である。鎌巻の地名が名付けられた頃には、その岩や崖と同じ岩盤が鎌巻側まで伸びていたのであろう。現在でも吉田川を挟んだ両側に崖地が確認でき、続いているということであろう。

地元の人によると、現在の鎌巻付近を流れる吉田川の川底は、砂ではなく岩のような岩盤になっているという。二子屋橋界隈の水の流れの様子からも見極めることができ、川の水は段差を持って流れていた。

鬼首《おにこうべ》　大崎市鳴子温泉

古くから鉱物資源の豊富なことやスキー場、温泉の街、間欠泉や片山地獄などで知られている。新緑や紅葉の頃に訪れると、心の栄養をたくさんもらって家路につくことができる。もちろん秋の紅葉シーズンはことさら美しく、温泉に入りながら紅葉を楽しむのはぜいたくそのものだ。そんなところになぜ鬼の地名が付けられたのだろう。

涌谷町の篦岳《ののたけ》山にはこんな伝説がある。篦嶽丸という蝦夷《えみし》の頭領がいたが、坂上田村麻呂に首を取られ、その首が泣きながら空を飛んで行った。首が最初に着いた所が泣き沢で、現在の成沢（涌谷町）のことである。さらに首は飛んで行き、鬼首の岩にかみついた。すると、そこからお湯が勢いよく噴き出した。それが間欠泉であるという。そのようないわれから鬼首の地名になったという。しかし、あくまでも文字から生まれた地名伝説である。

本来の地名の由来は、エリアを流れる荒雄川に関係があるようだ。同川は荒雄岳周辺の沢水を集めた流れが次第に大きくなり、鳴子温泉に入る手前には鳴子ダムが築かれている。さらに水は下流へ下り、江合川と名を変えて、長い旅路の末に、現在は北上川に注ぐ。以前は東松島市と石

荒雄川が小島状の地を周るように分流し、瀬音高く流れている

巻市の境界、大曲浜で太平洋に注いでいた、独立した川であった。

普段は清流であるが、春の雪解け時や豪雨・大水などの際は勢いを増して流れ下る。瀬音が高く聞こえる様子が、沿岸の「轟《とどろき》」という地名だ。「ドウ ドウ」と「水が音高く流れている、とどろきながら流れている」ことを文字化したものである。

鬼首の地名はとても古く、この荒雄川のどこから発信されたのか不明である。幾つもの沢や支流の注ぐどこかに、洪水や集中豪雨などの際、川水が溢れると山の木々や流された枝などがたくさん集まる所があったのだろう。枝や木々は流れをせき止め、大水はその上を越えて流れていった。そんな様子をアイヌ語で、「o・ni・ka・pet オ・ニ・カ・ペッ 川尻（に）・

集まった木々（の）・上を・（越える）川」と古代の人たちは呼び、それが「オニコウベ」と転訛《てんか》した。鬼の文字はあるいはオ・ニ・カ・ペツのオニに鬼の文字が、カ・ペツが詰まってカペ、そしてコウベとなり、鬼首の文字表記がなされたのかもしれない。いかにも怖い思いを抱くような地名になってしまった。

1910年の災害で殉職した人々の慰霊碑

自然災害は近代になってからもあり、1910（明治43）年8月11日夜半、折からの豪雨により鬼首吹上沢上流で山津波（土石流）が発生し、当時の宮城県大林区署の官行製炭事業の従業員23人が宿舎もろとも濁流に押し流され殉職した。慰霊碑が間欠泉入り口付近に残されている。

このような自然災害が古い時代から何度もあったことから、アイヌ語を話す人々によって「オ・

ニ・カ・ペッ」の地名が付けられたのであろう。

確かに洪水などで怖い思いをしたかもしれないが、鬼の首とは全く関係がない。近くには鎌内沢や保呂内などのアイヌ語で解ける地名がある。

大崎市に合併する前は玉造郡鳴子町に属し、それ以前は玉造郡鬼首村、江戸時代には栗原郡鬼首村だった。鬼首峠を越えれば秋田県へ、花立峠を越えれば山形県へと続く要所の地にあることから、江戸時代には鬼首番所が置かれていた。

馬産地としても知られ、他藩から馬を盗みに来た人が越えようとしたと伝わる盗人滝の伝説や、明治天皇に献上した金華山号を祭った主馬神社が荒雄川神社境内にある。鬼切部に登った地は、馬産のための放牧場だったとも聞いた。

鎌内沢《かまないさわ》　大崎市鳴子温泉

旧鳴子町の鬼首地区の地名で、金田一京助や山田秀三がアイヌ語地名として取り上げている。

鎌内沢奥の盗人滝(鈴木岳美氏撮影)

現在は大崎市と合併し、市の一番北に位置する。ずいぶん前になるが、鬼首の隅から隅まで詳しい人に案内してもらった。

岩入《がにゅう》から鎌内林道に入り、トンネルを抜けてしばらく行くと、盗人滝と国道398号への道標が立っていた。そこから奥へ入ると間もなく車では行けなくなり、長靴に履き替え、川の中ややぶの中を歩くこと40分ほどだろうか。1時間だったかもしれない。前を行く人の姿が山の緑の中に溶け込んで見えなくなってしまうことから、それないようにとだけ願って、夢中で歩いた。

途中で砂鉄の層があったり、川砂のたくさん堆積している地などを見せてもらったりして、山と沢の大きさをしっかりと目に焼き付けたような気がする。川はとても水がきれいで、どこで飲んでも食中毒にはならないようだった。もちろん上流に民家があるわけもなく、手ですくって飲むととてもおいしい。

　だんだん川底が岩盤になってくるころ、「もうすぐだよ」という声に、気を取り直して歩く。「見えた。あれが盗人滝だよ」と言われてハッとして顔を上げると、幾筋にも広がりながら流れ落ちる大きな滝が見えた。

　まだ元号が昭和だった頃、この滝の名前がとても気になり、何度もこの周辺を訪れていたが、滝に会うのは初めてだった。長年恋い焦がれた恋人に会ったような、そんな気がした。

　途中の大小の石がゴロゴロする上を、足を取られないようにと願って進む。モリアオガエルの卵があったり、エゾハルゼミの声が聞こえたりする鎌内の森はまるで絵の中のようで、とても美しい。さっきまでの疲れが吹っ飛んでいくようだった。

　滝は近づくに連れて大きく迫る。大きな岩を包むように流れ落ち、落差が大きい。伝説では、仙台藩の隠し牧場であった鬼首から、馬を盗んだ者が逃げようとして、この滝に阻まれたという。昔から馬産地として知られる鬼首ならではの話である。

　「カマナイ」は、アイヌ語で解ける地名で、「カマ　kama」は岩盤や平たい岩を、「ナイ　nay」は川や沢を意味している。下流では砂や石が見られるが、盗人滝に近づくと、流れの下は大きな岩盤が続く。滝つぼから一帯は特にそうで、カマはこの辺りの地質を語っているらしい。

沓縫《くつぬい》　大崎市岩出山上真山

沓縫とは本来、古代に皮の沓の縫製に従事した百済系渡来工人のことで、奈良県の長屋王屋敷跡からは「沓縫」と記された木簡が出土している。

真山は当時の都から遠く離れた、どちらかというと山手の地。ここに古代の技術集団だった品《しな》部《べ》や伴部《ともべ》が住んでいたのだろうか。何かそれらしい遺跡や言い伝えがあるだろうか。ましてや地名となると、どうだろう。摩訶《まか》不思議な地名だった。

梅雨の晴れ間をみて現地へ向かうことにした。進むほどに染まってしまいそうな緑の道、この季節は生気があふれていて気持ちがよい。真山小学校を過ぎ左手に曲がると岩出山への道が２本ある。草刈りの手を休めて談笑していた男性２人に道を尋ねた。

すると、何ということだろう。「クヅネエ～～すか」と発音した。「クツヌイ」ではない。びっくり仰天。地名の意味が解けた瞬間だった。もう一度、発音してもらってテープに録音した。もう、ワクワクである。やっぱり地名は楽しい。音で聞いてみることは、こんなに大切なのだ。

「クヅネエ」に似た呼び方は、大郷町不来内《こづない》でも聞いた。ほぼ同じ発音である。アイヌ語で

左奥が沓縫の家々。水田は古い時代には入り江や沼地だった

「コツ・ナイ　kot・nay　入り江になっている沢、窪んでいる沢」という意味になる。「コツ・ナイ」が「コツ・ネエ」となり、さらに「コヅ・ネエ」、そして最後に「クヅ・ネエ」と転訛《てんか》したのだ。それに全然違った意味を表す漢字「沓縫」が充てられたのだった。

さすがに中学生は「クツヌイ」と発音していた。こうなると地名の意味は全く消えて、伝わらなくなってしまう。こうして地名が変わっていくのであろう。いつ、誰が充てたのか、恨めしいような気がしなくもない。

早速その道を進み小さな橋を渡った。もしやこの沢が「ネエ（ナイ）」かな。もっと沓縫に近づいてみると、先ほどの沢が右手になり、もう一つの沢があった。その沢が先の沢にぶつかるような地形（川なら合流）である。これが入り江や窪地なのであろう。

入り江は汀《みぎわ》という地名で呼ばれ、沿岸の高い所が沓縫の住所になっていた。地元の人は、「ミギワというのは水際なのに、川や沼なんかないよね」と話した。

いいや、アイヌ語を話す人たちが住んでいた時代にはあったのだ。その沼や湿地帯を後からやって来た人たちが新田開発をしたために、川や沼の姿が水田に変わってしまったのだ。それを伝えるかのように、集落入り口には「新田・汀入り口」と案内があった。

ちょうど沓縫の終点が大きな沢にぶつかる辺りの道路脇が広く補修されていた。尋ねると2015年9月の豪雨の際、沓縫奥からの大水があふれ出て、道を壊し下の沢の田んぼに土砂となって流れた。そのために収穫ができなかった水田もあったという。

沓縫の方でも水田一面が冠水し、稲刈りの際には土ぼこりが舞い上がったり、流失物が邪魔をして作業がしにくかったりしたそうだ。こういうことは以前にもたびたびあったようで、戦後のアイオン台風などの際には、沓縫も下の沢も沼のようになった。さらに下方の真山小学校前の方も海のようになったという。もともとの地形が現れたと言える。

尿前《しとまえ》　大崎市鳴子温泉

尿前といえば、元禄２（１６８９）年、松尾芭蕉が河合曽良と共に、ここにあった関を通ったことで知られている。芭蕉らは、「この道旅人まれなる所なれば、関守に怪しめられて、やうやうとして（やっと）関を越す」と「おくのほそ道」に記した。「大山《たいざん》を登って日すでに暮れければ、封人《ほうじん》の家をみかけて宿りを求む」と続く。

当時の出羽街道中山越の道は山また山ばかりで宿も見つからず、現在の山形県最上町境田でやっと泊めてもらえた。２人は、慣れない山道と難所で苦労したようだ。

この時残されたのが〈蚤虱《のみしらみ》馬が尿《ばり》する枕もと〉の句である。芭蕉は尿前の関とバリ（馬のおしっこ）を「尿」という文字に詩的な思いをかけてこの句を作ったのであろう。

6月初めの尿前一帯は、新緑に満ち木々の葉がきらきらと輝くように美しい。爽やかな風が吹いていた。国道47号を新庄方面へ向かうと、こけし館入り口付近の右手に尿前の関の案内板がある。急な階段を下りるように導かれ、階段にはロープが備えられている。旧街道の一部なのであろう。

民家の背後に尿前の関があった。ちょうど尾根への入り口になっている

ハナウドの白い花と木々の緑に彩られた狭い道は、とてもきつい坂だ。階段が切れると緑のじゅうたんを敷いたようになり、少し往時の様子をしのぶことができる。その先に関所跡が見え、芭蕉の句碑と冠木《かぶき》門や柵がある。大きな説明版・芭蕉と曽良の像や建物跡とおぼしき地が広い公園のようになっており、民家へ続く石畳の坂道がある。これも当時の街道と重なるらしい。

ここは出羽と陸奥の国境であったことから要所であり、警護が厳しかったようだ。関守を務めていたのは遊佐氏であったそうである。元和年間（1615～24年）の末に高い位置からその屋敷中に関所が移され、現在もゆかりの家が残されている。遊佐氏は肝いりを務め、水田を開発し地元のために尽力した。

東側の新しく通じた鬼首へのバイパス側から見る

と、地形などが手に取るように分かる。高い山並みからの尾根が平地に突き出ている地形で、この様子からアイヌ語で「シ・ト・オマ・イ　si・tu・oma・i　大きな・峰・ある・所、山の走り根・ある・所」となり、大きな峰からの尾根が平地や川に向かって突き出ている所という意味になる。ここでは川と水田がある。すぐ傍を大谷川が流れており、少し下流で荒雄川（江合川）と合流している。

このような地形であるため、古い時代から洪水や氾濫・土砂崩れなどの被害が多い地であったようだ。地元の人によると、バイパスになった地はもともと水田だったそうで、カスリン台風（１９４７年）やアイオン台風（１９４８年）による被害は甚大で、蔵などの建物が押し流されたそうだ。

現在関跡の上の方の高い所に薬師神社が祭られている。詣でる人は少なくなっているというが、遊佐氏の氏神様だったそうで、以前は祭りも毎年行われ、神楽を奉納したこともあったそうだ。太く大きな栗の木が落雷のためか、根方から半分ほど倒れて参道をふさいでいた。それでも本体はしっかり空に向かって葉を茂らせている。あるいは関守が活躍した時代から旅人の目印にされていた木かもしれない。

志内田《しないだ》　大崎市三本木

県道56号を大衡村側から三本木の方へ向かうと、大崎市三本木縦ノ木線という標識が見えてくる。尾根沿いを曲流する流れがあり、小さな橋が架けられていた。橋を渡ると深い沢がある。そこが志内田で、高台に民家が3軒並んでいる。

1軒の家で話を聞いた。沢からの増水などはないかと尋ねると、「出っかす。出るなんていうもんじゃないがす」とのことだ。200ミリを超えたら、山の方から大水が流れ出し、向かい側の芦口の沢からの水もあり、県道沿いの田んぼはすっかり冠水する。2014年10月にも湖のように真っ白になったという。

志内田の地名は「アイヌ語プラス和語」の形で解くことができる。シナイとは、「si・nay 本当の、大きな・川や沢」となり「本流の沢、大きな沢」を意味し、「タ」は水田のことではなく「そうした所、場所」を示している。地名が付けられた時代には、すでに田んぼが耕作されていたという意味ではない。

沢からの流れは下流の鶴田川と合流するが、古い時代には品井沼へ注いでいた。アイヌ語を話

志内田の沢。かつてここに集まってくる水がやがて川になり、品井沼まで流れていた

していた人々が、その川に沿ってキノコや山菜を採り、獣や魚を捕って暮らしていた時代があったことを地名は伝えている。下流の品井沼（干拓されて現在はない）は、「本流の流れ込んでいる沼」という意味になる。

漢字表記に違いがあるが、品井も志内も同じく「シナイ」と発音する。地名は漢字に翻弄《ほんろう》されてはいけない。大切なのはどのように発音しているかであり、特に共通語を話すようになる以前の呼び方が重要になる。

現在は鶴田川が中心の流れのようであるが、地名が付けられた頃には志内田からの流れがより生活に密着していたのだろう。鶴田川は上流にあるたくさんのため池からの流れが中心であると地元の人々が話していた。ため池は水田耕作が盛んになる過程で掘られたのであろう。もっと古い時代には志内田を流れる川の方が本流だった可能性は大きい。残念ながらこの流れに名前はないようで、地元の人は、「川」とだけ呼んでいるという。

地名学的には、鶴田川のツルは空を飛ぶツルとは全く関係がなく、山手の方から曲流する流れをツルと呼ぶことから名付けられた。律令制に取り込まれる歴史過程のあった東北では、アイヌ語を話す人々の暮らしの方が時代的に古いと想定できる。本流という意味をもつ志内田の地名の方がより古いということができよう。ちなみに、ここにはアイヌ語で解ける名字の人も住んでいた。

軍沢《いくさざわ》　大崎市鳴子温泉

宮城県と秋田県との境界に位置する山間の地である。国道108号を秋田方面へ向かうと登り道にかかる手前に軍沢橋があり、両側には軍沢川の清流が見える。瀬音がとても高く、のぞき込

軍沢川上流。奥に堰堤が見える

んでいるだけなら清涼感とともに美しいと感嘆していられる。橋から少し下がった地点に江合川上流大規模砂防事業という大きな工事がなされたことを記念した大きな石碑があった。

谷間の底の部分を流れていることから、黒滝付近を源流とする軍沢川は時に激しく水量が増す。たびたび下流の集落を襲っては被害をもたらしていたようだ。

石碑を読むと「降雨による土砂の流出が河床を隆起させ、流路を変えるなど、その氾濫は耕地山林家屋に留《とど》まらず、尊い人命までも奪い去る荒れ狂う川であった」とある。もう少し下流で江合川に合流しており、付近の川原には川の流れが運んできた大きな石がゴロゴロと転がっている。

かつてこの川を渡って秋田へ向かう道があっ

たという古道を案内してもらった。軍沢橋から上流に位置しており、繁茂する草木の間をどこまでも進むと、軍沢川と合流する別の流れがあったり、氾濫による新しい川道の跡や本流から外れて流れた跡などが残されていたりする。それは深い茂みの中でも確認することができた。昔の人々は、こうした洪水氾濫の時期を避けるようにして渡渉していたのかもしれない。

イクサザワは、この川を渡る人たちや取り巻く標高の高い山々で狩猟採集などをする人たちにとって、とても大切な地だったと思われる。地名解は和語よりもアイヌ語の方が合うようで、「イクサ」は「イ・クス・ナイ　i・kus・nay　それ・通る、通行する・川」の転訛《てんか》と思われ、アイヌ語で「イ」は「畏れ多いもの、尊いもの」を、「クス」は「通る、通行する」、「ナイ」は「川」となる。

畏れ多いものとは、蛇だったり、熊だったりすることが多いようだ。地元の人によると「熊が出てくるのは、日常的に当たり前のことだから、別に騒いだりはしないよ」という。こうした山間地なので、蛇も当然たくさんいるのであろうが、熊の存在はアイヌ語を話す人たちにとっては「神」そのものである。ここでは、「イ・クス・沢　それ（ここでは熊）の通る沢」となるのであろう。沢はアイヌ語のナイと同じ意味である。

熊には熊の道があるというが、秋田への古道付近にも熊のなじみの道があったのかもしれない。

古道の渡渉地点近くには不動尊・山の神などの石碑が祭られており、深い茂みの中で村人の建てた祠《ほこら》は壊れていたが、神様は同じ位置で静かに迎えてくれた。流れを渡った向こう側には不動滝があり、手前をさらに進むと大きな堰堤が設えられている。その上流には「カシマ堰堤《えんてい》」が設けられているという。大きな堰堤などなかった時代は、熊も、人も、冬の大雪や川の流れにそれぞれの思いを抱いて渡ったり、上下していたのが軍沢だったのであろう。

この地名の付けられた時代には、サケも上ってきていたのかもしれない。サケはカムイチェプ（神の贈り物、神のもとへ行く魚）と呼ばれる。熊にとっても人にとっても大きな食糧源であり、いろいろ利用された。

軍沢では、現在多くの人が下軍沢と呼ばれる地に住んでいるが、洪水にたびたび遭うことから、高台に転居した人もいるそうだ。

すぐ近くに鬼切部という館跡と伝わる地があり、古代の清原氏が秋田からやって来て、大きな戦いがあったことなどから、軍沢となったとの地名解をする人もいる。文字から生まれたものであろう。

軍沢のバス停

猫作《ねこさく》　大崎市田尻

まるで猫がたくさん生まれてくるような、まさか、猫のぬいぐるみを作っているなどということはないのだろうが、人はいろんな思いを地名に託している。現地は広い水田地帯で、すぐ傍を田尻川が流れている。

この川は、古代からたくさんの文化や人を運んだようである。上流には三輪田遺跡や宮沢遺跡などがあり、すぐ目の前には新田柵跡といった具合に、古代東北が律令化の波に取り込まれていく様子を伝える遺跡が多い。現代の川の流れは、化女沼ダムができたことにより水量が調整されているので、舟の航行が可能だったとは思えない水勢になっている。

そんな流れの途中に、猫作の地名が残されていた。「ネコ」とは、日本語の場合は、山の根方つまり山の根っこをいう場合が多い。「サク」も谷間や狭間《はざま》をいう。しかし、ここは山が近くにあるが接してはいない。そんな所では和語の地名解は難しい。

田尻川は古くからひどく蛇行しながら流れており、1910（明治43）年8月の梅雨前線と二つの台風による豪雨でも大暴れしたという。2001（平成13）年ごろから基盤整備がなされ、

水田の広がる猫作の地

蛇行が少なくなったそうだ。現在は地名が付けられた頃とは全然違う地形になっているらしい。子どもの頃には曲がりくねった川の流れで、学校帰りに水遊びをして帰ったものだと、近くの人が話してくれた。もちろんカッパに変身した子どもたちは、ザッコなどの小魚や小ガニを捕まえて遊んだという。

自然の力による川の変化は古い時代から何度もあったのであろう。猫作の地名は、そうした自然災害などにより、土地の様子が変わってしまったことを伝えている。

地名は、アイヌ語で解いた方がうまく合致し、「ネコサク」とは、「nay・kot　ナイ・コツで川や沼の跡を、サクはsakで無い」という意味をもつという。したがって、「川や沼の跡が消えてしまったところ」となる。

川の氾濫や大水のために、上流から大量の砂や肥沃な土砂が運ばれては堆積した。そのために川の流れが消え、見えなくなったことを伝えているのであろう。堆積した砂や土砂は長い時間をかけて硬くなっていく。水田を耕作している人は、他の田んぼより土が硬く深耕しにくい土地だと話してくれた。

豪雨などで川の流れが変わることは、よくあることだ。現在のように優れた土木技術のなかった時代には、自然のなすがままに氾濫を受け入れ、うまく土地を利用して稲作を行い、居住地を離れて、別の土地で暮らしたこともあった。江合川沿いの大柿エリアでも何度か村が消えてはまた住み始めたことが、発掘により明らかになっている。

川はたくさんのことや思い入れを流すといわれるが、隠してしまうこともあるようだ。そんな印象をもった地名がここだった。

君子《きみご》　加美町宮崎

一里塚の地名付近から深い谷へ落ちるような急坂を下ると田川に君子橋が架かっており、欄干には昭和42（1967）年10月竣工と記されていた。

橋から見える川の両岸には、かなり古い地層ではと思われる岩盤が長く伸びている。この様子を「宮崎のイギリス海岸」と紹介した人がいた。宮沢賢治が、岩手県花巻市の北上川沿岸の地層に名付けたものとほぼ同じであろうと気付いた人がいたようで、規模は小さいが確かにイギリス海岸風に岩盤が美しく連なっている。

地元の人によると、この橋がコンクリート橋になるまでは板を4枚つないで水面に渡しただけのものだった。大水で何度も流され、そのたびに流された稲を下流に拾いに行ったという。

川を渡って直接伸びる現在のような道も、以前はなかったそうで、元は民家の背後や前を縫うようにある狭い道だけだった。対岸の刈り取った稲を運び降ろしたり、農協のトラックに積み込んだりするのは困難で、何かにつけて不便だったという。

それぞれの屋敷中を農業用水路が通っており、音高く流れていた。田川の上流から取水し、一

三方を高い山に囲まれた地に君子の家々が見える

部を家の中に引き入れ、家事用や飲料水に使った時代があったことを伝えているようだ。しかし、家の中に寒気を運ぶのに加え、金気が強い水だった。井戸も同様だったという。宮崎は古い時代から鉱山地帯であるため鉱物が地下水に溶け込んでいたのであろう。

宮崎や小野田は昔から馬産地としても知られている。この地区でも競馬用の馬を育て上山（山形県）へ連れて行ったり、京都からけがをした馬を連れて来て繁殖用に飼ったりしたこともあったという。川渡の馬検場へ泊まりがけで出掛けるのも楽しみの一つで、昔は馬も人も同じ屋根の下で暮らしたと、懐かしそうに話してくれた人がいた。

民家の東側の水田は休耕され、アシが高く群生していたが、その前方の小さな森の中に「神様があるよ」というので案内してもらった。境内入り口には、樹齢200年余かと思われる太く大きなイチョウが茂り、イタドリの伸びた向こうに社があった。戸を開けてもらうと、大きな岩が仁王様のように両側に置いてあり、その間に本来の社がしつらえられていた。

神様は神明様で、祭りは9月。宵宮から本祭りにはみんなでお参りし、ごちそうをあげ懇親する習わしだそうだ。昔からエリアの人々が楽しみにしている大きな行事であると、女性が話してくれた。

「キミゴ」という地名は、和語であれば「キミ」は、洪水などで運ばれてくる芥《あくた》や土砂の堆積した地を意味しているが、「ゴ」がわからない。これはアイヌ語の「キム・コツ kim・kot」という「(平地から見た) 山奥 (の)・窪地」と解した方が合うようだ。三方が山になっており、田川の沿岸はことさら高く、その高い所から眺めると集落はくぼ地そのものに見える。

矢越《やごし》　加美町

旧中新田町の地名で、国道347号と国道457号がエリア内を通っている。一帯は、国道に沿って開発が進んでいるようで、大型店舗がすぐ近くにあるが、ほかは水田地帯である。

かつての中新田村と広原村の境界辺りに位置する。北側は次第に標高が高くなって丘陵が鳴子まで続くのに対し、地内は低くなっている。

地名のいわれは、「ya・kus　ヤ・クシ　陸や丘・通る」、あるいは「ya・kus　ヤ・クシ」で、「川などを越えて陸（丘）にあがる所、山越えをする所」というアイヌ語で解ける。

地名が付けられた時代には、まだ新田開発も

高台の手前には水田地帯が広がる

なされていなかった。住民はどこかに移動して行く際、湿地や沼地が広がっているため、山手を回り道して歩かなければならなかったのだろう。

広い水田のあぜ道を歩いていると、遠い昔の人たちが湿地帯をどうやって渡ったのかといろいろ想像をめぐらしてしまう。

水田地帯を越えた北側には、古代城柵の城生柵《じょうのさく》跡や菜切谷廃寺跡がある。古代律令化に向けて政治的拠点が置かれた地の前方に位置しており、城生柵跡からは「物部國」と箆《へら》書きされた土師《はじ》器が出土している。

木伏《きっぷし》　加美町

鳴瀬川に架かる鳴瀬橋を、加美町方面から色麻町へと渡ってすぐ右側のエリアで、鳴瀬川が作り出した自然堤防上にある。

現在は土手が高くなり、木伏の地は工業団地へと姿を変えているが、以前は水田地帯だったと

かつてのヨシ原は美しい水田や工業団地になっていた

思われる。工業団地の裏手は土地がぐんと傾斜しながら低くなっており、今でも水田が広がっている。

ここは、アイヌ語で解くことが可能で、「Ki・us キ・ウシ　葦や芦・そこに群生する所」となる。「キ・ウシ」が、「キ・プシ」と転訛《てんか》し、さらに「木伏」の漢字が充てられた。その漢字を読んで「キップシ」と発音されるようになったもので、大崎市田尻の切伏沼《きりふせぬま》の名も同じように解くことができる。

古い時代の鳴瀬川は、幾筋にも流路を変えながら流れていたのであろう。洪水などで上流から運ばれてくる土砂などが堆積して生まれた土地は、アシなどが茂る谷地やヨシ原になっていたのであろう。そのような地をアイヌ語を話す人たちは、「キ・ウシ」と呼んだと思われる。

ちなみに、付近には川原や川原外の地名もあり、圃場整備の行われた水田は新木伏・新川原となっている。

惣内《そうない》　涌谷町太田

涌谷町の市街地の東側に位置している。箟岳《ののだけ》地区から小里へ向かう道（河南築館線）の途中、箟岳山へ登る道の一角にある地名で、住所に使用されている家は1軒だけだった。

この家の前から南西方面へかけて峰が続くが、その峰が惣内山である。中ほどは細い坂道となり、成沢地区に通じる。途中の急斜面から東北に開けた沢が針田沢という地名だった。

「ハリ」とは縫い針などに関係するように思えるが、本来は「墾《はり》」で、山地や低湿地を新しく開拓したり、耕して切り拓《ひら》くことを意味している。かなり古い言葉で、飛鳥時代から奈良時代にかけてあった推古天皇が造営した宮殿は「小墾田宮《おはりだのみや》」といった。この場合の「ハリ（墾）」と同じ意味になる。

急斜面を滝が流れ落ち、豊富な水は飲料水になっている

この沢に人が住み開発されるまでは、もともとこの地は、「ソウナイ」あるいは「ソウナイサワ」と呼ばれていたのでないだろうか。

山中の急斜面を登ると、苔《こけ》むした岩のゴロゴロある中を、清水が大量に流れてくる。この流れの始まりが「ソウナイ」の原点で、大きな岩の間から水が噴き出している。以前は小さな滝となって流れ落ちていたと地元の人が話してくれた。

そこは1メートルほどの段になっていた。昔から水が枯れることがなく、現在簡易水道の水源地として、一日45トン前後を供給しているという。噴き出し口に水神様が祭られていた。

まさしく「so・nay　ソー・ナイ　滝・沢」の地だった。故山田秀三先生も訪れて確認したという。アイヌ語の「ソー、滝」の場合は、必ずしも大きな滝ばかりではなく、小さな滝状のものも含まれる。

若狭《わかさ》　美里町中埣

若狭と言えば福井県小浜の浜を思い出す。小浜には美しい人魚の像があり、八百比丘尼《はっぴゃくびくに》の伝説が残されていた。漁師の娘は、父が隠していた人魚の肉を知らずに食べてしまったために、不老不死の運命を担うことになり、若く美しいまま年をとらなくなる。他の人々が死んでいくのを800年の間見守り続け、時の流れをさまよったという。

このような伝説の残る地と同じ地名が、身近なエリアにあった。人魚の肉を食した比丘尼の話も哀れを誘うが、美里にも、若狭屋敷と呼ばれる所に長者伝説がある。召し使いの美女を長者の妻がねたんだという話である。

もちろん伝説上のことで、そんな人が住んでいるはずもない。すぐ目の前には水田が広がり、東の方には加護坊山の美しい姿が見える、大変長閑な地である。

若狭から見える広い水田地帯。かつては沼や低湿地が広がっていたのだろう

「ワカサ」という地名解は、正月の若水などにつながるようでもあり、アイヌ語には「wakka・sa　ワッカ・サ　水が広がる平地、湧水のある地、水辺」などの意味がある。和語では「ワカ・サレ」で、分かれ道や分岐点などの意味がある。

現地には4軒ほどの家があり、すぐ前の地名が上戸（アガト）になっている。上戸とは、海や水辺から舟で上がった所や上がる所を意味しており、ずっと古い時代には加護坊山の方へ向かって沼や川の流路が広がっていたことを伝えている。

当然若狭も、そうした地であったことは間違いない。しかし、土地としては上戸よりもわずかに標高が高いそうで、洪水で水田が冠水しても屋敷まで上がったことはないと語る人がいた。

井戸水のことを尋ねると、美しく良い水だという。上戸の人からも、上戸の方は金気水なのに、若狭では水がきれいだと聞いた。

遠く大崎市古川の三丁目《さんじょうのめ》から流れて来る用水路があったが、湧水などはなさそうである。アイヌ語ではどうだろう。水辺という点では該当するようにも思えた。

すぐ向かい側に熊野神社が祭られている。若狭比丘尼という熊野信仰を伝えて歩いた人がいたとも思えるが、若狭から誰かがやって来た足跡は、現在調べられる資料からは全然見えてこない。

しかし、熊野神社は川や水辺に近い所に鎮座することが多い。近くを美女川が流れており、地元の人によると、洪水の際に若狭の周りが冠水しやすいという。上戸の地名が存在することから推察すると、アイヌ語の「wakka・sa　ワッカ・サ　水が広がる平地、水辺」の解が合うように思える。「サ　sa」には、「浜」という意味もあるので、「水の広がる浜」とも解けそうだ。古代の地形と関係しているのであろう。地名が付けられた頃には、現在の水田は、江合川が作り出した湖沼地帯だった可能性がある。

第4章　内陸北部のアイヌ語地名

栗原市／登米市

猿飛来《さっぴらい》　栗原市栗駒

三迫川《さんはさま》が大きな袋状にゆったりと流れており、底に当たる部分の南側に位置する、旧栗駒町の地名である。

西の方にそびえる栗駒山の季節ごとの姿を、地元の人は、「春は、マッコ（馬）がシッポ（尻尾）を上げて駆け、秋になれば、頂上から麓へ錦（紅葉）が降りてくる」と誇らしげに語ってくれた。美しくのどかな風景が、住む人も、訪れる人をも癒やしてくれるような地だ。

現在の様子とは違い、古代の栗原市には、律令側の役所の役目をもつ伊治城があり、前九年の合戦（1051～62年）という蝦夷《えみし》側と中央との戦いにちなむ伝承も残されている。次のような、地名にまつわる話がある。

蝦夷側と戦っていた源頼義・義家父子は、青雲権現へ勝利祈願をした。すると栗駒山から猿が一匹短冊をくわえて飛来し、竜となって天上へ昇った。以来この地を猿飛来と呼ぶようになったという（「安永風土記」）。これは、後世の人が文字を見て作り出した話で、本来の地名の意味とは違っている。

猿飛来から望む栗駒の山並み

かなり以前に聞き取り調査をしたが、古老は「三迫川のこの辺りは、夏になると水が少なくなり乾いてくる。すると、小石が多く見えるようになる」と話してくれた。多くの先人研究家も、そのことを確認している。現在は上流にダムができ、水量が調整されるので、そのような状態を見られなくなっているかもしれない。

この証言が地名解の手掛かりとなっている。猿飛来は、アイヌ語の「sat・pi・nay　サッ・ピ・ナイ　乾く・小石（ある）・川、沢」と解ける。「サッピナイ」に漢字が充てられて、「サッピライ」と転訛《てんか》したのであろう。

地名は、漢字から解くのではなく、本来どのように発音されていたかを知ることが大切になる。もともと地名は、庶民の暮らしに必要なために付けられた。特にアイヌ語を話す人たちは文字を持っていなかった。

地内の鳥矢ケ崎古墳群は、1971（昭和46）年の調査後、2回発掘調査が行われた。その結果、棺《ひつぎ》の様子や蕨手刀《わらびてとう》など出土した遺物から、北（蝦夷）と南（中央政権）の要素や葬制が混在していたことが分かった。一帯は、違う文化の大きな接点であり、重要な地点であったことを伝えていた。

海草《かいそう》　栗原市栗駒文字

栗原市中心部から県道179号（文字上尾松線）を栗駒山に向かう道を行くと、正藍冷染《しょうあいひやしぞめ》の工房が左手に見えてくる。さらに進むと荒砥沢ダムに至る。2008年6月14日に起きた岩手・宮城内陸地震で最大の地滑りが起きた周辺だ。

ダムへ向かう道の途中の文字《もんじ》地区に海草の地名があった。二迫川を渡った南側に3軒の家があり、うち一軒の屋号が「海草」という。川に架かる橋も「海草橋」だった。

板井沢が上流から折れながら、滝となって落下。
さらに下方へ折れて流れていた

奥羽山脈の山麓に位置し、山の恵み豊かな地である。春先は雪解け水がとうとうと流れ、心が洗われるような地である。

文字表記から、どうしても海に生える植物をイメージしてしまいそうだが、標高の高い山手に、ワカメなどの海藻があるのか、そんな疑問が湧いてくるような不思議な地名だった。

これも「kay・so　カイ・ソウ」と解くことができる。「折れる・折れている、滝・滝状の段差のある流れ」という意味のアイヌ語地名である。

ずっと気になっていた地名で、現地に近い集落で高齢の人に、「カイソウという所に、滝はありますか」と尋ねたことがある。すると、「あるよ。3《メートル》くらいの滝だよ」という。他にも尋ねてみたが、やっぱり「あるよ」との答えだった。どの辺にあるのか、地図には位置など記されていない。とにかく、行ってみなくてはならない。

屋号の家を訪ねた。すると、「ここは、海だったんだよ。だから、このような地名があるんだよ」と話した。海だった時代は確かにあったであろう。しかし、海の中に人が住み、暮らせるだろうか。「そういえば、そうだね」とその人は笑った。

滝を初めて確認できたのは、ちょうど雪解けの頃だった。屋号の家で描いてもらった地図を頼りに、見当をつけ、ぬかるみの山あいの土手の藪《やぶ》を、長靴で滑るように降りていくと、うまい具合にその地点前方に大きな滝が流れ落ちていた。しかも川の流れが折れた所からドウドウと落ちている。

なんということか、初めから見つかるとは。感動で頬がゆるむ。雪解け水を勢いよく流す滝のあった川は板井沢と呼ばれ、岩盤の上を山からの水が流れている。まさに滑り台の上を水が流れるようで、文字表記もピッタリだった。アイヌ語だったら、「カマ・ナイ（岩盤の・川）」となるであろう。

この川はひどく曲流しており、西から東へ折れ、さらにすぐ下流では東から西へと折れていた。その後も、この滝の上流や下流で、やはり折れながら滝状に流れる所が見つかった。どうやら板井沢全体が折れながら流れているらしい。

地元の人は、折れながら流れる滝が地名になったことを知り、「いやあ〜、これで謎が解けした」と満足げな顔をしていた。

颯壁《さつかべ》　栗原市志波姫

旧志波姫町東端にあり、旧若柳町との境界に位置している。現在は迫桜高校のグラウンドから水田にかけての地名となっている。

住所の中に1軒だけ民家が存在していた。迫桜高校のグラウンドも水田を埋め立てたそうで、地名が付けられた頃と地形が変わっているが、以前は宅地の前方に低湿地帯が広がっていたらしい。国道398号が近くを走り、その北側から東にかけて迫川が流れている。

訓は、地元の人が颯壁を「サツカベ」と、文字を読んで発音していた。ここも登米市中田の猿壁谷地のサルカベと同じで、アイヌ語で、「sar・ka・pet　サル・カ・ペッ　アシ（原の）・上を流れる・川」と解ける。アイヌ語による自然災害地名である。アイヌ語を話していた人たちも洪水に悩まされたのであろう。アシの上を越えるほどの水位になることもあった。

颯壁付近の光景。颯壁はかつては洪水に悩まされていた

一帯は古くから暴れ川だった迫川流域の、低湿地帯を新田開発した地だった。迫川は、一迫川・二迫川・三迫川が合流して下流で一つの川となる。普段は静かな田園地帯であった颯壁一帯が、洪水や大雨の際には、湖沼と化してしまうことが度々あったのであろう。

地元の人によると、洪水常襲地帯だったが、1948（昭和23）年のアイオン台風の被害がとても大きかった。その後、迫川の上流に花山ダムが造られたことで洪水が少なくなったという。颯壁より少し上手《かみて》に住む人も、背後を流れる迫川が氾濫して、押入れの上の段近くまで浸水することが何度もあったと話してくれた。

花山ダム（花山湖）は、こうした下流域の洪水を減少する目的も含めて、1957（昭和32）年に完成した。ダムができたことについて、この1軒のご主人が語ってくれた、「旧花山村では、市街地がダムに沈み、多大な迷惑をかけた。私たちは、花山の人々のおかげで安心して暮らせる。ほんとに、花山の人だぢのおかげでがす」と心から感謝しているようだった。

間海《まかい》　栗原市志波姫

颯壁の目と鼻の先に位置している。似たような地名に大崎市の満海《まんかい》があるが、解釈が違うらしい。

二つともアイヌ語で解くことができ、満海は「mem・okai　メム・オカイ　わき水・たくさんある所」と解けるが、間海は、「mak・kari・pet　マク・カリ・ペツ　～に囲まれている、山の後ろを・回る・川」となる。似て非なる地名の好例だった。北海道には同じ意味で、虻田《あぶた》郡真《まっ》狩《かり》村の名がある。真狩には真狩川が流れており、「マッカリベッ（マク・カリ・ペツ）」が省略されて当て字されたもので「後ろ・まわる・川」を意味するとホームページにある。

避難場所に指定されている間海遊園地

現地は広い水田に囲まれた小高い地で、北側に熊谷《くまや》川が流れており、地名の付けられた頃には、まだ沼や湿地に囲まれていたのであろう。地元では間海の周辺を「沼田囲い」と呼ぶ。洪水や大雨が降ると、周りは大水で水田などが冠水し、真っ白な湖や沼のようになるという。

昭和20年代のカスリン台風やアイオン台風の際は、迫川上流からあふれた水や周りの大水が、回りまわって沼田に集まってきたと地元の人に聞いた。

熊谷川近くの家では、軒下付近まで水が来たとアイオン台風の時の様子を話してくれた。この人はちょうどお子さんが生まれた時のことで、忘れられない災害だったという。

古い時代からそのような出来事が何度もあったのであろう。アイヌ語を話す人たちがその様子を地名に残していた。ここも、アイヌ語による災害地名の一つといえる。
間海には大きな機関場があり、付近の水田は基盤整理後、新間海《しんまかい》の地名になっている。

熊狩《くまがり》　栗原市築館

熊の付く地名の地には川が流れていることが多い。しかしここでは、川を見ることができなかった。

栗原市は合併して瀬峰町や築館町も同じエリアになったが、熊狩は同市東部に位置している。周りはどちらかというと里山が多く、木々の茂る一帯である。少し南には国立療養所東北新生園がある。空気がおいしく自然的環境の良いところが続く。

一帯はかつて仙北鉄道築館線と呼ばれる軽便鉄道が通っており、瀬峰駅と築館（駅）を結ぶ大きな交通網の一つだったようだ。現在の熊狩のバス停のある道がそうだと話してくれた人がいた。

この地名は、文字から想像するとマタギなどが熊狩りをする所かと思ってしまいそうである。

以前軽便鉄道が走っていた道路（左）と熊狩のバス停

古くから窯跡があちこちにあることが知られ、平成に入って間もなく発掘調査が行われた。鎌倉時代中期の窯跡であるという。一帯の地質は岩盤の上が粘土質だそうで、井戸を掘ると白く濁った水が出てくる。飲料水には適していなかったという。

地下水に恵まれなかったので、わずかに耕作されている水田用の水路はなく、水道が引かれるまでは内沼からの水を農耕用として使用していたのではないかと、一番古い家の人が話してくれた。飲料水確保にもご先祖さまたちは苦労したようだ。

熊の付く地名が和語であれば川が存在するが、この地名は、和語よりもアイヌ語で解く方が合っている。「kuma・karus　クマ・カルシ　竿《さお》、棒、干し竿・シイタケなどのキノコ」、つまり、クマカリは、「キノコやシイタケを干す竿のあった地」、あるいは、「キノコを干した所」ということになる。特に「カルシ」だけでもナラの木に生えるシイタケを意味しているそうだ。秋になると、たくさんのキノコを採って干したのだろう。寒い冬の間の大切な保存食だったのかもしれない。地元の人に聞くと、わずかな家が並ぶ一帯は雑木林が多く、古くから熊はいないがキノコが大変豊富だったそうである。自然からの恵みを大切にし、狩猟生活が主であった古代の東北人らしい生活に密着した地名といえよう。

ちなみに、カリは「カルシ」が転訛《てんか》している。現在の「クマガリ」の訓は、文字を読んだものであろう。

嶋躰《しまたい》　栗原市一迫

栗原市の旧一迫町中心部から、県道178号を一迫川の流れに沿って車で走ると、門前橋が見えてくる。この付近の両岸から嶋躰エリアとなる。橋を渡ると左手に門前遺跡標柱と熊野神社への参道が見え、さらに進むと吉祥寺がある。吉祥寺背後の山が赤松館跡で、比較的丘陵地の方が広く、森も深くなっていくように感じる。

１８７５（明治８）年から１９５５（昭和30）年まで金田村に属していたというが、江戸時代には嶋躰村として存在していた。

青木畑遺跡をはじめ比較的古い遺跡が多い地で、門前遺跡は標柱に縄文時代中期末から平安時代までと記されている。赤松館は佐藤荘司の子次信（継信のことか）の旧居であったと伝わっている。佐藤継信といえば、弟の忠信とともに源義経の従臣として知られている。後には狩野氏の居城となったようだが、古い歴史が残る地だ。

また、江戸時代に生産されていた米はとても良質で、御膳《ごぜん》米として上納（年貢として納めること）されたという。迫川など一帯から水田に導かれる水がおいしかったことや、川が運ぶ砂地の地質が米作りに適し、耕作する人々の研究や努力がそのようなおいしい米を育んできたのだろう。それらは現在までも引き継がれているようだ。

一迫川流域ではサケ・マス漁が盛んだったらしい。江戸時代に毎年サケ７本分の本代（年貢）２１０文、マス８本分の本代１２０文が課せられていたと「安永風土記」に記録が残されている。

地名は、多くの参考文献にアイヌ語地名であろうとある。意味は、「シュマ・タイ（石、森や林）」で「石のある森や林」であるという。

門前橋から見える岩肌

おおよそ合っているように思える。これを丁寧に解くなら、「suma・oma・tay　スマ・オマ・タイ　大石や大岩、多くある、森や林」が、「シュマタイ」、「シマタイ」と転訛《てんか》して、「大きな石や岩がたくさんある森や林」となるのであろう。

あるいは「sir・oma・tay　シル・オマ・タイ　山が多い森、山がたくさんある林」となるのかもしれない。一帯はアイヌ語で解ける地名が多く、保呂羽も「poro・pake　ポロ・パケ　大きい頭や突端の崖」となり、これに現在のような漢字が充てられた。近くの山の中でも少し背の高い山か崖地が突き出ている所があることを地名にしている。あるいは、保呂羽橋から見える大きな崖地が地名になったのかもしれない。

現地を歩くと迫川の沿岸は河岸段丘になって

いて、嶋躰と言わずとも岩や崖地が多く目につくのが特徴といえる。門前橋や一つ下流の保呂羽橋の上から川の両岸を眺めると、崖や岩は一段とよく見える。山の端を、何千年あるいは何万年も前に、勢いを持った大流水（川水）で切断されてできた土地のように見える。

猫《ねこ》ノ沢《のさわ》　栗原市栗駒

セミの声が聞こえ、川のせせらぎが高らかに響く。景観が美しい。県道17号を栗駒町方面に向かい、金生川《きんせい》に架かる橋を渡ると、間もなく泉昌寺があり、民家は川を挟んだ谷間の両側の高台に点在している。地形的環境がそうさせているのであろう。金生川がひどく蛇行しながら流れており、川沿いに低地は少ないが、その全てが水田になっていた。

18代も続くという家を中心に民家が4軒あるが、金生川を望むようにどの家も、大きな屋敷に長屋門などをしつらえている。長い歴史を持つエリアのようだ。

しかし、地名はさらに古い時代に付けられているようだ。「ネコ」の地名は、和語であれば、山の根方などに付けられることが多い。でもここでは、金生川に向かって山から下りてくる沢の名だった。

沢を上って行くと、小さな田んぼが段々に耕作されており、一番上にため池があった。水面にヒツジグサの花が咲き、満々とたたえられた水は手ですくってみたくなるほど美しい。遠い縄文時代などには、金生川の入り江の高みになっていたのであろうと思われた。

この沢からも大量の水が流れ出している。金生川やこの沢の一帯には、地名が付けられた頃、クルミの木が豊富に自生していたのであろう。収穫時期になると、アイヌ語を話す人たちはクルミを保存食にしようとやって来ては、その作業をしたに違いない。

クルミは、収穫後に皮を腐らせて、それから乾燥させて、さらに殻を割って実を取り出すという長い工程が必要だ。地元の人も一帯にはクルミの木がたくさんあり、昔はそのようにして、クルミの実を拾ってきて保存食にしたと話してくれた。クルミにはたくさんの栄養があることが古い時代から知られていたのであろう。

地名の「ネコ」は、アイヌ語の「nesko　ネシコ　クルミの木・オニグルミ」のことで、「サワ」は和語である。たぶん古い時代は、「nesko・nay　ネシコ・ナイ　クルミ（のある）沢」、あるいは「nesko・usi　ネシコ・ウシ　クルミのある所」と呼ばれていたのであろう。「ネシコ」が「ネコ」と詰まり、さらに動物の「猫」の文字が充てられた。それで猫と関連がある地名のよ

沢の高台から金生川方面を望む

うに思われるようになった。

地元の人は、「一関の方に、猫も食べてしまうほどの大ネズミがいたが、この沢の大猫がそれを退治したので、猫ノ沢というのだ」としゅうとから聞いたと話してくれた。これは文字から生まれた話である。

現地は大変おいしい水が豊富な地で、水道が引かれたのはかなり遅く、平成になってからだという。山からの水も豊富であるが、川からもたらされる大水は洪水氾濫の歴史を繰り返していたそうだ。特にアイオン台風（1948年）の際はひどかったと聞いているという。

アイヌ語を話す人たちが暮らしていた時代には、川の水位はさらに高く、流路を幾筋も持って流れていたと想定できる。そうした時代の猫ノ沢は金生川の入り江状の地形をしていたのかもしれない。

　金生川は現在でもひどく蛇行して流れており、２０１５年９月11日の関東・東北豪雨では氾濫によって田んぼが冠水し、堰《せき》の一部が壊されたという。現在でも川の両岸には護岸が続いているのが見られた。これは幾度となく冠水や氾濫があったことを伝えているのであろう。

　ちなみに、クルミの皮は、アイヌの人たちが使用するゴザの黒い色を出すために使われている。ここでも、そうした使われ方があったと想定できる。だからこそ、たくさんクルミの木がある地を大事にして地名としたのであろう。

八重壁《やえかべ》　栗原市高清水

　２０１５年９月の夕刻、水田の中でたたずむ男性に出会った。そろそろ刈り入れの時期。どうにも気になり車を止めた。

　９月11日の豪雨のため、地区を縦断するように流れている八重壁川が氾濫し、大量の水と共に砂が運ばれ、刈り入れ直前の稲を総倒しにしたという。砂を撤去し砂交じりになった米をうまく収穫できるのか、人力での砂の撤去は不可能だなどと困惑し、考え込んでいたという。

後日、改めて調査に向かうと、山々の木々が柔らかな緑に包まれ、八重壁川も音高く流れていた。

前田橋を渡り直進すると左手に奥州街道の案内板があり、坂道の先には背の高い石柱があった。「旧奥州街道・八重壁・力石」と刻まれている。整備された道をどんどん進むと力石のある地点へ出る。かつては旅をする人々の声が聞こえる街道筋になっていた地だった。

八重壁川にはもう一つ橋があり、八重壁橋とあった。橋を渡ると坂道になり浦南沢になるというが、通称は八重壁で通るらしい。

保呂羽大権現が祭られていると聞き案内してもらうと、先の東日本大震災で社が壊れたので新築したという。とても立派で大切に守られてきたのがわかる。

祭神は立派な阿弥陀様で、台座には仏師の名前も記されていた。「神社なのに、仏様とは変だよね」と管理する人が話した。現代まで守られてきた歴史と事情があるのだろう。明治以前は神仏混交ということもある。年に一度の祭りには、宵宮に地元の人々でお払いをし供物を納めるという。

境内にはたくさんの石碑が並べられていた。元は八重壁の地にあったものをまとめたものとい

旧奥州街道の石柱。八重壁の地名が記されている

うが、横山不動尊の月参供養のものがあった。年号は安永6（1777）年とあり、下の方には築館や藤沢などこの集落以外の地名とともに関わった人名がたくさん刻まれていた。

大崎市古川李埣《すもぞね》の横山でも横山不動尊の石碑があり、毎年お札をもらいにお参りしていたと聞いた。ここでも同じ信仰があったようだ。

八重壁の地名は、アイヌ語で解いた方が当たっているようだ。「yay・ka・pet　自分の上を川が流れる」、あるいは「yay・kotan・ka・pet　自分の・村・上・川」、「自分の村の上を川が流れる」というような意味になる。意味を裏付けるのが2015年の災害であろう。

地元の人によると、昔から何度も氾濫を繰り返してきたという。アイオン台風（1948年）の際はひどかったそうだ。上流に砂利山があるため、流れの途中には砂利が堆積し、２０１５年9月の豪雨で前田橋の上下で土手のあちこちが壊された。

地名が付けられた頃には当然土手もなく、大雨や豪雨のたびに氾濫し、土砂が運ばれてきたのだろう。アイヌ語による防災を呼び掛ける災害地名の一つである。

ちなみに保呂羽大権現の「ホロワ」とは、アイヌ語で「poro・pake　ポロ・大きい・頭（山）」となる。どこを指しているのかは不明だが、他の山と比べて大きい山という意味であろう。また、「poro」には、「川が増水する」という意味もある。

武鎗沢《むやりさわ》　栗原市若柳

広域の武鎗もあるが、その中の武鎗沢の地名について解いてみたい。有賀郵便局のある集落からさらに北へ向かい、途中から東へ折れるような感じで進む。途中幾つかの分岐を経て行き止まりの沢に到着した。

武鎗沢は三方が山に囲まれ、以前県南で調査した大きな袋状の地形の「風呂」の地名のようである。昔は東の尾根道が二筋あったそうで、稜線を越えると岩手県エリアになるという。

突然現れた私に、地元の人は怪訝《けげん》な表情をしたが、目的を知るといろいろと話してくれた。地元に詳しいという人が帰宅後にはとてもよく協力してくれた。

この人から興味深い話を幾つか聞いた。若い頃この沢から亜炭を掘って販売していたという。坑道跡が今も2カ所確認できた。沢水の流れに沿って歩くと、濃厚な酸化鉄が流れ赤茶けた鉄分が大量にたまっていた。この沢では、古い時代に何かの鉱物資源が採掘されたのであろうと思われるほどの濃さだった。

沢の一番奥には、数十代続くという旧家があり、その屋敷から眺めると沢全体がよく見わたせる。全体が低地から次第に高くなる狭い地形になっている。水田が並び、奥の高い所には昭和40年代に山や宅地などを水田にしたそうで、大きなため池の他に小さなため池も二つ見られた。沢の奥手から湧き水や山水が流れ出し、沢を下っていた。このため池は古くからあるようで、1819（文政2）年の「栗原郡武鎗村用水絵図」（東北歴史博物館蔵）に記されている。

清水や湧き水が豊富で、飲料など家庭用、農耕用にも不自由しないという。地震で何度か水脈が止まったことがあったそうで、近年では宮城県沖地震（1978年）などの際も止まったという。かなり古い時代からそういう水脈のふさがることが何度もあり、地名が付けられた時代に

田んぼの向こうのへこんだ所２カ所が亜炭坑道入り口

は、それが生活上の常識になっていた可能性もありそうだ。

地震は、昔から何度も繰り返されてきた。水の流れが止まることにより、生活に支障を来したことがあったのかもしれない。このエリアの地質と関係がありそうだ。

さらに興味深いのは、昔ここには処刑場があったと聞いているという。案内してもらうと、沢の一番高い地点の杉林の中に広い平場があり、傍には空堀状の低地がある。中世の館跡のようである。

処刑場について詳しいことは不明とのことだった。その手前には旧家の墓地があり、刻まれている年号もかなり古いようだ。

武鎗の地名は、和語よりもアイヌ語で解いた方がよいようで、ムヤリは「mem・oma・ya

メム・オマ・ヤ　湧水（清水）・岸・高い所」、沢は和語である。つまり「高い所（岸）から湧き水の流れる沢」となるのであろう。言葉や発音は時代とともに変化するので、「メム」の「メ」が消えて「ム」が残り「ムヤリ」となったと考えられる。古い時代この一帯に高台から続く低湿地があり、水辺もあったことを伝えている地名といえる。

アイヌ語を話す人々が住んでいた時代には、まだ現在のように土地が乾いておらず、武鎗沢は清水の湧く沢で、山菜や木の実を取り、飲料水を求められる大切な地であったようだ。すぐ隣には清水ケ沢の地名があり、木売沢、柿木沢など付近には沢と付く地名が並ぶことも地名のいわれを裏付けているといえる。

薬沢《くすりざわ》　栗原市瀬峰

旧高清水町と旧瀬峰町の境界に1本の道がある。江戸時代は佐沼街道が通っていたそうで、人の往来も多かったようである。現在は新幹線の通る音が強烈に聞こえる以外は、小鳥の声が聞こえ野の花が咲き乱れる静かな地である。

佐沼街道の石柱に「薬沢」と明記され、地名のいわれが刻まれていた。「ある時、旅の僧が疲労困憊《こんぱい》して、小さな家を見つけ休ませてほしいと頼んだ。迎えた娘は、病気の父親を抱えて苦労していたようだった。心優しい娘のために、旅の僧はつえで地面を強く突いて清水を呼び出した。清水を飲んだ父親はたちまち病が快癒したという。そこでこの沢を薬沢と呼ぶようになった」とあった。

また、沢の入り口で出会った70代後半の女性は、「とても清水の豊かな地で、清水を沸かして宿をやっていたので、薬沢というのだ」と話した。この人が嫁いできた頃は、屋敷の傍の清水をバケツで下げては家に運び、飲料水や風呂などに使ったという。「寒い雪の季節はとてもつらかった」と笑いながら話してくれた。

この家から少し登った所に小名で「薬沢」と呼ばれる大きな家があった。ちょうど田植えの途中で戻って来たご主人から、「おっぴさん（曾祖父《そうそふ》）の時代に岩手の方から移住して来たが、その頃から山のキハダの木などを削ったりして、内臓薬を作ってあちこちへ売りに行った」と聞いた。ご主人が成人するまで続いていたという。薬を作って売っていたので、「薬沢」という地名になったということらしい。

たくさんの薬に関する地名解が残っていた。はてさて、それらが本来の答えといえるのかどう

薬沢の防火用水。奥に見えるのが小名「薬沢」の家

か。地名はもっと古くからあったと思われ、そんなに新しいのだろうかとの違和感がある。

沢は次第に坂道になり、やがて新幹線路の上に架けられた橋を渡り、大鰐谷《おおわにや》や国道4号方面へ向かう峠に出る。昔の佐沼街道はとても狭かったようで、大鰐谷の方へと向かって行ったようだ。

誰かが、「クスリはクズレ（崩れ）の転訛《てんか》じゃないか」とも話した。しかし、そうした自然災害の事実はないと誰もが話す。クズレの発音がクスリに変わるには少し無理がある。

和語であれば「クス・沢」という古い言葉で、「越す・沢」に関係するのではないかと思えた。しかし、「クス」は良しとしても、「リ」が残ってしまう。

思い出したのが北海道の釧路の地名解であ

る。釧路とされたのは、明治になってからのことで、それまで地元の人々（多くはアイヌ人）は「クスリ」とか、「クシュリ」と呼んでいたということがヒントになりそうだ。

釧路の地名解はいろいろあるが、その中にアイヌ語の「クシュリ・クスリ・クスル」があり、「kush・ru　通る（越える）・道」と解けるという。山田秀三もこの解き方が良いように思うと辞書に残している。

薬沢の道は車社会になったために広くなっているが、昔はリヤカーが通るくらいの道幅だったという。人々が沢を歩いて越えた時代にはもっと狭かったであろう。しかもかなりの急坂になっており、峠付近から下り坂になる。ここでは、和語よりもアイヌ語で解いた方が合うようだ。

余路前《よろまえ》　栗原市鶯沢

旧鶯沢町の地名。江戸時代の「安永風土記」に、「余路前沢、余路前屋敷」と記録されているが現存していない。1885年ごろに作られたという「宮城県各村字調書」にも掲載されていいな

余路前川

いことから、江戸期から明治に移る頃消えたのか、あるいは漏れてしまったのであろう。

栗駒の尾松から県道１７９号を西へ向かうと祝田の信号があり、そこから山手へ向かう左手に余路前の屋号の家が残っている。さらにその奥に田神社が鎮座しており、その間に深い沢が水音高く流れている。この沢が余路前沢であったと思われ、「安永風土記」にも田神社が余路前沢にあると記載されている。地元では「夜舞」と書くこともあるという。地元の人が、秋田県に「アサマエ（浅舞）があるから、こっちはヨルマエなんだろうね」と話した。

北海道中標津に養老牛、秋田県小坂町に小坂余路米の地名があり、「ヨロ」は、「イ・オロ」の転訛《てんか》で、アイヌ語で解ける地名であろう。ヨロマエは、「i・or・oma・nay　イ・オロ・オマ・ナイ（それを・水（中）に浸ける・所のある・川や沢）」という意味になる。ハルニレなどの樹皮を「水に浸して軟らかくし、繊維をとる場所」を示し、繊維はアッシ織りなどの布地に織られた。こうした所はアイヌ語を話していた人々の生活や集落の中心地になっていたことが多いという。

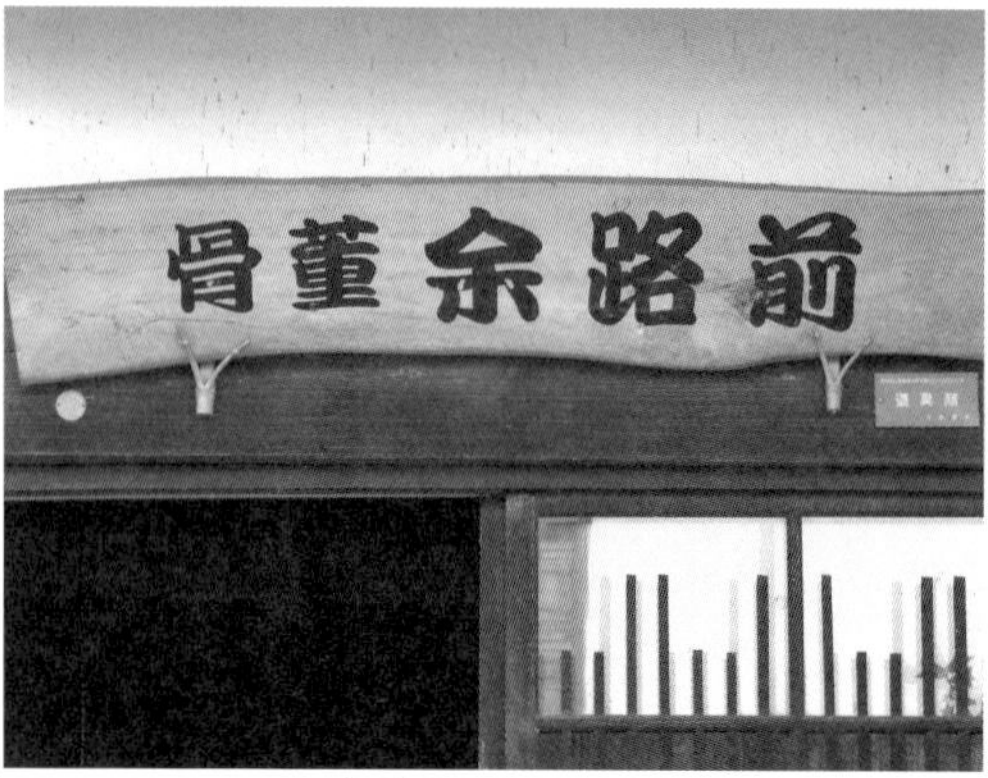

余路前の屋号の家

ここは三つの時代の地名が重層する地で、地名的には大変貴重な場所である。一番古い地名が「余路前」で、次に古墳時代あたりから使用されたと思われる「祝田」、そして中世以降の一番新しい地名が「峯・菅原・田中」で、田神社から奥は「的場」となっている。

祝田は、葬りに関係する地名で、現在では馬を葬っていたことが語られている。葬った場所を的場の人に案内してもらったら、田神社の上り口から境内まで幾つもあった。その場所には馬頭観音の石碑が建てられており、田神社の鎮座する山の奥には駒形神社と古峰神社も祭られていた。農作業とは切っても切れない馬を大切に葬り祭ってきたのであろう。残念ながら人を葬ったという記憶は全然残っていなかった。

ここから1キロほど西にも岩井田という地名がある。文字こそ違うが、読みは同じだった。聞き取り調査をした結果、ここも葬りの地だった。昔から墓所があったという。もしや清水などが関係しているかとも思ったが、水の流れや湧き水などはないということだった。同じエリアに地名が三つ重なることもさることながら、同じ読みの地名があまり離れていない場所にあったことは、古代に大和の文化を受け継いだ人たちがこのエリアで生活したことを語っているのではないかと思えた。

猿壁谷地《さるかべやち》　登米市中田町

明治時代の「宮城県各村字名調書」にはしっかり掲載されているが、すでに消えてしまっていた地名だった。場所がどの辺なのか全然検討がつかず、地域の地理や歴史に詳しい人たちに尋ねて探したが、なかなか場所が見つからなかった。最後の頼みと先輩研究者に聞いたところ、忘れ

ぬかることの多かった谷地が、美しい水田に姿を変えた

かけていた記憶をたどるようにして、やっと思い出してもらえた。

現地に行ってみると、地元の人はすぐに分かって驚いた。水田耕作者だけが記憶している地名で、通称からも字名からも消えてしまった地名だった。圃場整備によって大型化した田んぼの中にまとめられてしまい、現在使用されている地名は「神ノ木浦・八幡浦」となっていた。

登米市立上沼高校（現宮城県登米総合産業高等学校）の西背後に保昌寺がある。その背後から東へかけての地名が猿壁谷地だった。古くは桜庭村に存在した地名だったが、同村名も上沼村と合併したため、すでに消えていた。

猿壁谷地は普段は静かな低湿地帯であり、大水などの災害が起こるとその一帯が大水の下になってしまうことを伝える地名だった。付近には北上川の旧河道の跡がたくさん確認できることや、北側には干拓で姿を消した中田沼があったこと、この沼がかなり大きなものであったことなどから、西側の土地が地元で「ヤズ（谷地のこと）」と呼ばれるぬかり地であったようだ。そのような土地の様子から、地名が付けられたのであろう。もちろん猿壁谷地の「ヤチ」もぬかり地である。

田んぼを耕作している人の話によると、田植えの際などは、腰までぬかるのが普通だったので、女性が田植えをするのは、とても無理な地であったという。

古い時代ほど、洪水氾濫が続いたのであろう。地名はそんな土地の様子から付けられたと思われ、アイヌ語で「sar・ka・pet　サル・カ・ペツ　葦《あし》原の上を流れる川」と解ける。現在の農業は排水などがよくなっているが、考えられないほど農作業に苦労した地であったはずである。

ワラビカシ　登米市東和町

登米市東和町の地名で、北上川の東側になる。ちょうど県境になっており、北側には館ケ森牧場があり、西は二良根、南側は嵯峨立エリアになっている。広大な丘陵地帯で北上山地の真っただ中になる。牧草地になっているのか、きれいに刈り込まれた山地が広がっていて、とても伸びやかな気分になってくる。

「ワラビ」は山野草のワラビで、「カシ」はアイヌ語で「kas　カシ　仮小屋」と解くことができる。山菜の収穫時期には、遠くからも摘みに来る人たちが多かったのだろうか。春になると仮小屋を作って、出そろったワラビとともに他の山菜も収穫したのであろう。

どこか、雄大で、いにしえの人々のゆったりとした暮ら

春になると、日当たりの良い斜面にたくさんのワラビが出るのだろう

しぶりが目に浮かぶような地である。

海上連《かいしょうれん》　登米市石越町

旧石越町の集落名を表し、字名はすでに消えて住所表記はない。現在東郷から北郷にかけての谷間に海上連ため池があり、その両側に丘陵が続く。このため池に咲くハスの花は見事で、寒くなると白鳥の群れがたくさん飛来する。

内陸に海の付く地名は不思議な感じで、呼び方も「カイジョウ」ではなく、「カイショウ」であるところに地名の謎が秘められていた。この地名もアイヌ語で「kay・so・ren　カイ・ソウ・レン　折れている・滝・沈む」となり、「滝が折れながら流れ、滝壺状の地へ落ちている」ことを伝えている。

対岸の富崎貝塚と四方子山《よものこ》などの間に、ため池や水田が広がっていることから、かつては湿地であったことが分かる。しかし、現地で滝状の場所を探すのは困難を極めた。

四方小山沢の一角。昔、この付近で沢水が
折れながら滝のように流れていたという

何回も聞き取りを重ねた後、やっと地元の郷土史家より、四方子沢と呼ばれる四方子山の裏側に、石越一美味だという清水が湧いて流れている地があったことを聞き、案内してもらった。

現地では、沢の一番奥に、確かに清水が豊富に折れて流れていた。地形は後世の人々により変えられたようで、滝状とは言い難かった。しかし「ソウ」の高さに規定はなく段差があればよい。この清水がかつては「ソウ」であったとも想定できる。もしかすると、現在のため池が整備される前は、そのような滝から流れ出す水が沼や池を作り出していたのかもしれない。

戸内《とない》　登米市米山町

調査中に会った男性は、戸内の地名は1976（昭和51）年か77年ごろに始まった基盤整理により生まれた地名で、旧迫川を古川と呼ぶと話した。その川の根っこにあり度々氾濫する洪水常習地帯であるという。

「基盤整理の時には、モクスイ（スクモのこと）がたくさん出てきたが、まだ腐っておらず、真っ白できれいだった。水中にあったので腐らなかったのだろう。その後地上に出てからは真っ黒になってしまった」と語っていた。

地名解の予測としては、アイヌ語であれば、「トはto 沼、ナイはnay 川」となる。地図で確かめると旧迫川の流域にあった沼や低湿地帯を開発した水田の広がる地で、まさしく沼と川のあった地である。

昭和の耕地整理で生まれた地名であるというが、アイヌ語のナイ地名の一つではないのか。もし、和語であれば「ト」の付く地の特徴は、地滑りや洪水などの自然災害があった地になる。和語地名が充てられる前からアイヌ語地名が使われていたのではないだろうか。

戸内の上流には、足洗沼の跡が古い時代の旧迫川が蛇行したままの形で残っており、下流には、川がさらに大きく蛇行していたことを伝える大袋の地名がある。従って洪水氾濫地になっていたことだろう。現在でも大袋の北側には北袋、内袋、西袋、中袋の地名があり、1932（昭和7）年ごろから移住して住み始めた人たちが水田を耕作している千貫の地名がある。水田開発以前のこの一帯は千貫谷地や野谷地と呼ばれていた。

基盤整備によって新しく生まれた地名ということが、どうも気になって仕方がなかった。改めて聞き取り調査に出掛けた。地図上では旧迫川の傍に存在しているというのに、ナビをセットしてもうまく到着しない。以前お世話になった砥落《とおとし》の人（1931年生まれ）の家へ押し掛けて尋ねたが、「聞いだごどねえねや～」と首を傾げるばかりであった。足洗沼と大袋の間にあるらしいからと、無理にお願いして案内してもらった。

初めに向かったのは、南方町若狭の近くの川の傍に1軒だけある家だった。ところが「ここは、南方だから米山とは違うよ」という。次に元の米山町エリアの旧迫川沿いで大袋の対岸方向へ向かった。

「確か、1軒あったねえ」と案内してくれた家に到着すると、対応してくれた女性が、「ここは、足洗になっていて、戸内という地名は聞いたことがないよね」と話す。お手上げかと思われたが、私が覚えていた戸内に住んでいるはずの人の名前と電話番号を話すと、「ああ〜、それなら、隣の家だよ」と教えてくれた。何ということだろう、神様に感謝である。

記憶していた名前と電話番号が役に立った。早速その隣の家に向かう。隣といっても都会のそれとは段違いに遠い隣である。

とても広い屋敷だった。声を大きくして何度呼んでも返事がない。諦めそうになった頃、「はあい」とすてきな女性が現れた。早速、住所の字名を尋ねると、「そうですよ。確かに戸内です。わが家1軒だけが戸内ですよ」と答えてくれた。おじいさんの時代に新潟から来て、最初は対岸（旧迫川）の「一の曲」という所へ開発に入り、その後おしゅうとさんの生まれた頃（1930年）に現在の戸内に移って来たと、義理の両親から聞いているという。

地名が基盤整備以後に付けられたかどうかについては、基盤整備をしたことは聞いているが、地名の変更については聞いたことがないという。「前の地名を聞いたことがないが、以前から戸内の地名はあったのではないか」とも話した。「隣がおしゅうとさんの実家なので、行って聞いてみて」というので、またまた、少し遠めの隣を訪ねた。

どちらの家もすぐ背後に旧迫川が流れている。突然訪ねた家でも快く対応してもらった。ご主人は「昭和10年生まれだが、小さい時から戸内の地名はあった」と話してくれた。

やはり、古くからの地名だったようだ。後で分かったことだが、基盤整備の際に生まれた地名

戸内から奥に見える水除土手

は「新戸内」となっていた。宅地の方はもともとの戸内の地名を使用し、整備された水田の方の地名に新戸内という新しい地名が生まれたことになる。

この家の以前の住所は「成田」であったが、基盤整備後突然「北足洗」という地名に変更されたという。元の地名に戻してほしいと申し立てたが、戻されることはなかったそうだ。今になっても悔やまれると話していた。

戸内から北足洗にかけての地は、以前は沼が3カ所くらいあり、しょっちゅう洪水になる地だったという。女性が嫁いで来た頃にも大雨でホンニョ（藁《わら》にお）が流され、稲はホンニョから外れてしまい、あっちこっちへ流されていった。それを拾い集めたことがあった。平成になってからも何度か田んぼは冠水しており、3年前に古川の方で川が決壊した時（2015年9月の関東・東北豪雨）も、前の方の田んぼが冠水して真っ白になった記憶があるそうだ。

北足洗の人は、「旧迫川はよく切れるのだった。蛇行がひどく、戸内の少し手前でも切れたことがある。切れると沼ができ、その沼にはヒシ（菱）がたくさんあった。子どもの頃はよく潜ってはヒシの実を食べたが、今は水が汚くなったのでとても食べられないし、食べることもなくなった」と話した。

もともとここの水田の地質は砂地だが、以前は稲が細く、あまり良い米が穫れなかった。他の地域の人たちは、よく「このような所を美田にしたなあ」と驚くそうだ。それほど土地が痩せ、何度も洪水（自然災害）にあってきたことが知られていたのかもしれない。

現在は長沼ダムが完備されたので洪水の恐れはなくなり、洪水を知らない人が多くなった。「昔のように土手が切れることもないと思うし、あと100年は大丈夫ではないか」と話していた。

こうして話を聞いてみると、やはり「トナイ」の地名は、アイヌ語の「to・nay　トー・ナイ　沼のある川」と解いてもよいようだ。

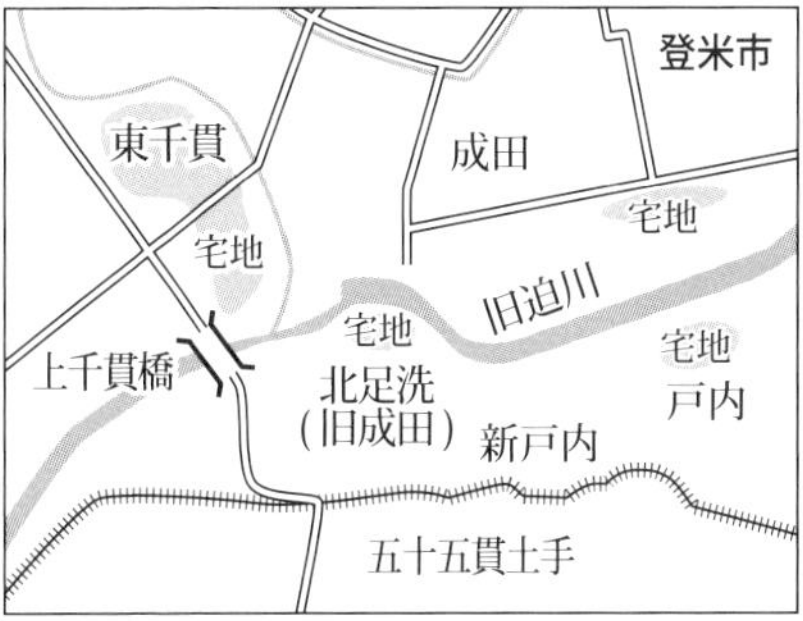

口梨《くちなし》　登米市石越町

旧石越町の地名で、渋川排水路や夏川、迫川に囲まれ、間もなく二つの川が合流する地に位置している。広域の地図で見ると荒川などを含め幾筋もの水の流れがある一帯の一角であり、古い時代から水が集まり自然災害が幾度となくあったことを知らせる地であったようだ。

土地が低く、水はけが悪いので1948（昭和23）年ごろまで毎年のように洪水に苦しめられたという。いつまでも水が引かず、夏川の堤防を切って落としたことが何度もあったと地元の人から聞いた。長く住む人が多いのは、洪水によって沃土《よくど》が運ばれるからと推測したがどうだろう。地元の人は、「天候に恵まれると、おいしい米ができる」と話してくれた。

洪水に悩まされたことを裏付けるように、現在でも水山という施設が屋敷に残されている家もあった。水山は、北上川沿いなどの洪水常習地に多いのが特徴で、ここでも立派な築山とその上に板倉があり、防災や避難の役目を担っていた。

地名の意味について、地元の人は「洪水になると、水の出て行く口が無いので、クチナシというのだと聞いた」と話していた。なかなか明解である。

水路の水が集まる口梨の水門

しかし、これは付会で、アイヌ語の「kut・char・usi・nay　クッチャル・ウシ・ナイ　のど元のような（沼から水が流れ出て川となるような）場所・たくさんある・川」の転訛《てんか》となりそうだ。

新田開発前は湖沼と湿地が広がっていたのであろう。今でも水田に大雨などの水がたまると、ヒシ（アイヌ語でベカンベ）が発芽する地もあるという。川の流れが定まらず自在に流れていた頃、水は停滞した後そのはけ口を作り、下流へと流れていった。そんな場所に名付けられた地名だったのであろう。

人間ののど元を食物が一気に通る様子に似ていた。最近まで使われていた口梨水門にも、水路が集まっており、その様子が感じられる。

若狭前《わかさまえ》　登米市南方町

春になると旧迫川の土手の並木に桜が咲き、たくさんの人々を楽しませてくれる。美しい土手道を挟んで川に向かう低地が若狭前エリアである。地名に「前」と付いているということは、本来の若狭がなければならないはずなのに、近くに「若狭」の字地名は存在していない。

若狭といえば、北陸の若狭国が思い浮かぶが、宮城にはここの若狭と美里町中埣にある。国内では埼玉県所沢市、那覇市にもあり、福井県には2カ所の若狭地名がある。

地名辞典を開くと、若狭の地名解は、和語では「ワカ・サレ　分かれ道、分岐点」、アイヌ語では「wakka・sa　水が広がる平地・湧水のある地、水辺」とある。

現地はどの地名解が合うのだろうか。いろいろ聞き取りをして歩いた。土手の反対側、米袋の地に江戸時代の新田開発で住み始めたと思われる旧家の人は、「ワカサといえば、おらいのことを言っていた。しばらく前まで手紙の宛名も「若狭」と書いただけで届いていた」と話した。ゆったりしていた時代があったようだ。現在使用されている地名は米袋になっており、すぐ近くのバス停にも米袋と記されていた。

本来は初めに若狭と呼ばれる地に人が住み始め、民家が増え水田耕作者が多くなって、若狭前の地名が生まれたのであろう。ちょうど米山町の戸内や北足洗と川を挟んで対峙するような地になっている。

ここの地名解は、和語のワカサレという道の分岐ではないようだ。アイヌ語の水が広がる平地・湧水のある地でもないようである。

先の旧家の庭には、井戸が二つあった。一つは母屋の間近な所に、もう一つは少し離れて土手に近い所にある。なぜ、同じ屋敷内の、あまり離れていない地に、二つの井戸が必要だったのか不思議だった。

聞いてみると、井戸水は金気がとても強くて、ろ過しないと飲めなかったという。そのため2回ずつろ過して使用していたそうだ。土手から見える水路にも金気水がよどんでいる箇所が確認できた。

旧迫川の流路跡が湿地や沼となり、次第に水田に開発された土地なのであろう。自在に流れていた川は鉱物資源が含まれていた。地下水にも含まれ、当然井戸水にも同じように含まれることになるので金気が強かったのであろう。

金気水が地名を解く要因らしく、先の地名解にはない意味がここの若狭にはあったようだ。もしや北海道にはアイヌ語地名として同じような条件の所がないだろうかと山田秀三著書などを調べてみた。すると、稚内の近くに「稚咲内《わかさかない》」（豊富町）があった。サロベツ湿原や温泉で知られる所だ。

どんな所か知らないといけない。故郷が稚内だという人（70代か）に会えたので早速尋ねると、「稚咲内は、昔は寒村で、あんまり人が住んでいなかった。飲み水に不自由な所だった」と話してくれた。

登米市の若狭は、本来はアイヌ語で「ワッカシャク（サク）ナイ」と呼ばれた地名だった。上原熊次郎地名考には北海道の稚咲内のことを、「水なき沢（飲み水がない）、この川の水鉄気強く飲む事ならざる故に、字に残す」と残していた。これは、ここの若狭と全く同じ意味を伝えているではないか。

もともとアイヌ語を話す人たちが川を上り下りする際、ここは金気が強いため飲料水を補給できないことを知って地名として残したのであろう。

「ワッカ・シャク（サク）・ナイ　wakka・sak・nay　飲み水が・ない・川」が「ワッカサ」となり、さらに「ワカサ」と転訛《てんか》し漢字も充てられたことから、若狭国と同じ地名になったのであろう。

先の家に井戸が二つあったのは、一つでは水が不足したのではなかったか。ろ過するには時間がかかるので二つ設けたのかもしれない。

若狭付近から見える広い水田

金気の強いことを伝えるかのように、若狭と呼ばれる旧家からほど近い所に「金屑」の地名があり、そこには巨木が茂りたくさんの石碑が並べられていた。一番古い年号は、寛保3（1743）年である。最初に新田開発に入った人たちは、それ以前に開発に挑んだと推測できる。

現在若狭の地は、米袋の地名になっているが、これは旧迫川が蛇行して流れ、ずっと古い時代には洪水氾濫により大量の砂などが運ばれて堆積していたことを伝えている。

川が流れ田んぼの広がる景観が、忘れかけていた日本の原風景を思い出させてくれるようである。若狭・若狭前はそんな所だった。

小友《おとも》　登米市迫町新田

伊豆沼と長沼の間に位置する地域にあり、旧迫町新田《にった》の地名。小名（字）としての小友と行政区としての小友があり、本来の小友は公共施設の立つ南側の突端に位置している。

佐沼郷土史研究会発行の「佐沼郷土史の散歩道」には、昔は「子供、御供」と言ったことから名付くとあるが、和語よりもアイヌ語の解が合いそうである。

北海道の襟裳岬と同じ川や海、沢に突き出た岬状の地形をいう、「enrum　エンルム　岬」から転訛《てんか》したものである。アイヌ語の専門家によれば、enrum→enrimo→endomo→edomo→otomoと転訛し、最後のotomoに小友の文字が充てられたという。

現地はあまり大きくはないが、はっきりと沢に突き出ている地形が確認できる。古い時代には湖沼地帯に突き出ていた土地だったのであろう。

ちなみに、小友と同じ漢字が充てられ、同じくオトモと読む地名が、七ケ浜町にもある。これは「ota・moy　オタ・モイ　砂浜の入江」という意味になる。同じ文字で同じ発音でも違う意味になることがあるので、地形を確かめて判断することが大切になる。

地形は左手の高台から、右手の低地に向かって突き出ている

地内には個人の氏神である滝不動尊が祭られており、目の神様として大切にされている。社への上り口に湧き水の豊かな池があり、夏は冷蔵庫代わりに使われるほど冷たいという。子どもの頃、目にばか（ものもらい）ができると、小豆を目に挟んで池の縁に立ち「おれのばか、早く治してけろ～」と池の中に落としたという。さらに、この家では、四つ足の肉類は食べられないと伝わっている。若い人は、「なぜ、鶏肉は食べられるのに、豚肉が駄目なのか分からなかった」と話していた。

二良根《にろね》　登米市東和町

旧東和町の岩手県境のエリアで、東は丘陵地、西に北上川が流れ、その流れに沿って家が並ぶ地である。昔は養蚕農家がほとんどで、年に3度から5度くらいまで蚕を育て繭にしたので、桑畑が多かったという。同じ名字の旧家が並んでいる。

ニロネは、「ニ・オロ・ナイ（ni・oro・nay　木が生い茂る沢、川・林のある川）」の転訛《てんか》したもので、アイヌ語で解け、二良根と漢字が充てられた。

エリアの中心となる道沿いにはこの川が見つからず、何度も同じ道を行ったり来たりして探した。地元の人に、「北上川にぶつかるように流れている川がありませんか」と尋ねると、相川という川が岩手

一般道からは見えず、やっと探した二良根沢

県境を流れているが、二良根エリアにはないということだった。

　周辺を何度も歩いて、やっと、民家の屋敷と熊野神社との境界に、山から北上川へ落ちるように流れて来る「二良根沢」があることが分かった。お願いして屋敷に入らせてもらうと、狭い沢がフェンスで囲われていた。近くに二良根沢の標柱と砂防指定地の表示板が立っていた。川の途中に砂防ダムが設置されている。流水量がとても豊富で、以前はこの流れの途中から飲料水を引いて使用していたという家もあった。とてもきれいでおいしい水だそうで、現在は農業用などに使用されているという。

　この沢は、流れが途中から地下に潜る川で、砂防ダムを過ぎると間もなく、水は表面をかすかに覆う程度に流れ、次第に乾いていた。アイヌ語なら「サツ・ナイ　乾く・川」である。

浅部《あさべ》　登米市中田町

ここは1629（寛永6）年の「白石宗直宛伊達政宗領地黒印状録」に「あさへ村」とあり、「安永風土記」には「山壱ツ、浅部山」の記録が残されている。（平凡社「宮城県の地名」）

本来は小字としての「浅部」があったものか、あるいは通称地名としての「浅部」があったものかは不明で、現在でも「字浅部」の地名はないという。

一般には「浅水」という地名で呼ばれるが、これは1875（明治8）年に浅部村と水越村が合併し、お互いの村名から一字ずつとって浅水村となった合成地名によるものである。字浅部もあるいはそれ以前からあったのかもしれない。

一帯は北上川が大きく蛇行して流れる沿岸間近に位置しており、古い時代には北上川や迫川が幾重にも乱流していたと思われる地である。洪水氾濫に幾度となく見舞われていたようだ。江戸時代の初め、白石宗直が3年の月日をかけて、佐沼方面で合流していた北上川と迫川を改修分流し、相模土手とよばれる堤防を築いたという。

つまり、浅部の地名が生まれた時代には、川の流れの様相は現在とはかなり違っており、新田

浅部のバス停留所

開発以前には低湿地や湖沼も多かったと推測できる。

浅部のバス停留所が、両側に高台を控えた「窪田」という低地に設置されていた。その低地を挟んで西側には貝塚が残されており、遺跡の標柱には浅部貝塚・茶臼館跡とある。東側は玉山という地名の高台である。貝塚があるということは、そこが水辺であったことを伝えている。その西側に近年、「みやぎ県北高速幹線道路」が開通した。以前は水田が広がり、その向こうには宝江や新井田などの集落が見えていたように思う。

新田開発以前の様子を考えると、貝塚や高台の根方まで、水の流れや本流に対する支流が幾つもあったのではなかったろうか。貝塚が生まれるほどであるから、食料の収穫や暮らしに適

低地から貝塚の標識の立つ方を見る

した地でもあったのだろう。
　支流の一つは入り江を成していたと考えられる。浅部の地名は、そんな地形と早くから人々の暮らしがあったことを伝えている。アイヌ語を話していた人たちは、尾根の一角に入り江をもつ川があることに、暮らしの場を持ったり漁労や狩猟の場に適していると考えたのかもしれない。
　この地名は和語よりもアイヌ語で解けそうである。「asam・un・pet　アサム・ウン・ペッ入り江・そこにある・川」と解け、高台に向かって入り江を作っている川があったことを伝えているのだろう。川は尾根の地形なりに流れ、和語であれば三輪田や熊川などの地名が生まれていたかもしれない。
「アサム・ウン・ペッ」が転訛《てんか》し、「アサムペツ」、「アサペ」となり、「浅部」という漢字が充てられ「アサベ」となった。

現在は美田となり、新田開発により川道が消えたり、姿を変えたりしてしまったのであろう。稲作が最高の産業と考えられていた時代には、水を導きやすい低湿地や湖沼地帯はどんどん姿を変えている。現在では思いもよらない先人の暮らしや地形、それに伴う自然災害をも伝えているのが地名であるといえる。

この頃は洪水などないと地元の人が話していたが、それでも1947（昭和22）年のカスリン台風で上流の大泉の方が決壊した際には、「当時の北上川は堤防が低かったので、土留めなどの工事に出ていった」とおじいさんが言っていたと、高齢の人が話してくれた。

現在の浅部付近には、低地を伝える窪田や巻、袖巻、沼畑、浦向などのかつては川道があったことを伝える地名も残されている。これらの地名は、自然災害が心配された地であるが、同時に新田開発にも重要な地でもあったことを伝えている。

黄牛比良《きうしひら》　登米市津山町

旧津山町の地名で、国道342号が走る北上川に沿った集落である。水田が広がる地帯で、東の方には黄牛川も流れている。

「キウシ」は「ki・usi」というでアイヌ語で解け、「アシやヨシが・(一面に) ある・生えているような地」をいう。また「ヒラ」もアイヌ語で解くと「pira　ピラ　崖」となり、和語であれば黄泉比良坂《よもつひらさか》(「古事記」や「日本書紀」) などのように「斜面や坂」という地形を意味している。どちらも符合する地で、川に面した側以外は3方が山の斜面に囲まれ、その間が水田地帯になっている。

この水田が、かつてはアシなどの茂る低湿地や沼の点在する地だったのであろう。集落は、民家や商店が並び、比較的大きな街になっている。一帯は水田よりぐんと高くなっている。これは明治初めまで北上川に面して河岸港があったためと思われる。河岸港は急流を抑えて築いたもので、浜通りから多くの人足を動員したと、「津山町史」や「陸前北部の民俗」(和歌森太郎編) にある。

かつての低湿地は美しい水田となっている

地元の人は、「人の手で川を掘ったらしく、その時の土が集落になっている場所に盛られた」と伝え聞いているという。

集落を歩くと、当時のにぎわいが今も感じられる。港には近郷近在の人々が集まり、特に横山の不動尊に参詣する足場として栄えたという。宿屋も3軒あり、石巻方面と登米地方の商業の交錯する場でもあったようだ。

第5章

沿岸中・北部のアイヌ語地名

石巻市／東松島市・女川町・南三陸町／気仙沼市

井内《いない》　石巻市

北上川に架かる石巻大橋を渡り、すぐ左に折れてそのまま進んだ川沿いの地が井内であるが、1813（文化10）年には、大瓜村井内、湊村井内があったとの記録が残されており、現在でも井内字井内と大瓜字井内の二つの井内がある。また、1889（明治22）年に大瓜村、沢田村、高木村、流留村、沼津村、真野村、水沼村、南境村と湊村のうち井内、磯田地区が合併して稲井村が生まれたため、二つの表記がある。

稲井村の由来は、「稲井町史」によると、「役場所在の地名井内の語呂に通じ、農業地帯にふさわしく、稲作が汲《く》めどもつきぬ井泉の如く豊穣満作であれかしとの祈念の意」とある。

しかし本来の地名は、アイヌ語で「wen・nay　ウエン・ナイ　悪い・川」の意味であろう。詳しくは不明としながらも、古くからこの地名の由来は知られていたらしい。

では、なぜ、悪いのか。真野川上流に金山《かねやま》の地名があるし、馬っこ山（トヤケ森）で金などの鉱物が採掘された時代があったので、鉱毒が流れてくるので飲料水に適していなかったことからではないかと考えていた。

ところが、現地でいろいろ聞いてみると、井内石を採掘している山は、元々は現在よりもずっと大きな石山で、古い時代には川に向かって突き出ていたのだそうだ。江戸時代初期の川の付け替えの際、真野川や迫川の流路を井内へ迂回《うかい》させようとしたところ、巨大な岩盤に突き当たったため掘削工事は難渋を極めたという。

大河津分水路に立つ井内石の石碑

さらに地元の人が、子どもの頃の石山は現在の川沿いの道へ突き出るように山の端があったと話してくれた。また、地区の各家には井戸がない。御蔵場と呼ばれる江戸時代の船着き場付近に1カ所だけ井戸があり、そこから各家へ天秤《てんびん》を担いで水を運んだという。石山が川へ突き出ていたことから、平らになった地でも、底は岩盤である。井戸を掘れるような土壌の柔らかな土地がなかったということであろう。

「ウエン・ナイ」の意味は「悪い川」となるが、いろんな意味での悪いがあり、多くは「険阻な地」や「通行困難な場所」を意味している。

井内でも、アイヌ語を話す人たちがこの地区を通行する際、川に沿って通ることができず、牧《まぎ》山《やま》などをぐるっと回って往来しなければならなかったのであろう。

北海道などでは、海や川に山や崖などが突き出ている地形の地は、人がそこを通過する際に歩きにくいので「ウエン・ナイ」と呼んでいた。ここでも同様に川沿いを歩くことができず、遠回りをしなければならなかった。

名産の井内石を使用した石碑は、1268年のものが最古と確認されているという。ということは、それ以前から採掘が始まっていたことになる。約800年も石山の採掘が続いた結果、現在の位置に山際が退いたことになる。

稲井石の石碑はかなり遠くまで運ばれているというが、私も新潟県燕市にある信濃川の大河津分水路で見た、1924（大正13）年建立の巨大な碑は忘れられない。それは産地が石巻と刻まれた大きな石碑で、現地の人も「まさか（石巻産であるはずがない）」と言ったのが印象的だった。稲井駅が開業したのは、1939（昭和14）年だというから、この石は船で運ばれたのかもしれない。

月浦《つきのうら》　石巻市

万石浦橋を渡り県道2号を東へ進むと、右手に月浦展望台が見えてくる。展望台には1613（慶長18）年、慶長遣欧使節としてヨーロッパへ出発・帰国した支倉常長の像が、凛《りん》とした表情を見せて立っている。眼下には、半円状の月浦湾が手に取るように見える。

地名は、湾の地形を表し、和語でもアイヌ語でも解ける。津軽半島の袰月《ほろづき》と同じく、「ツキ」は「坏《つき》のような半円状の湾の地形の浦」という意味であろう。

中世に葛西氏一行が鎌倉から海路を下向の際、暴風に遭い、この浦に着岸したので「着

月の浦湾と漁港

浦」の名が生まれ、後に「月浦」と文字が変えられたというが、どうだろうか。「正保郷帳」（１６４４〜47年）には「月之浦」、ビスカイノの「金銀島探検報告」（１６１１年）には、「Chiqimoraといふ村」とある。

40年ほど前、県道から浜へ下る道を開削した土で港を埋め立てたため、かなり地形が変わっている。古老に昔の海岸線を尋ねると、現在の海岸線から奥まった山際にある南蛮井戸の表示がある地に近い所を示してくれた。漁港には広い場所や船着き場が必要であったのかもしれない。

それまでの交通手段は巡航船であったという。現在の道が造られ交通手段に変化があった。浜には釣りを楽しむ家族連れがやってくる。冬になるとカキ漁が盛んになり、漁場から引き揚げて来た漁船が飛沫《ひまつ》をあげて入港し、忙しげにカキむき場へと運んでいた。

曾呂美沢《そろみざわ》　石巻市北上町

追波川と平行して流れる北上川に沿って橋浦まで行き、さらに少し奥へ入ると皿貝川が流れている。付近は水田地帯で、奥に北上山地が見える。川と直角に対峙するように曾呂美沢が入りこんでいる。

この地名は地形を意味しており、アイヌ語で「入り江」と解くことができそうだ。北海道伊達市の有珠《うす》、下北半島の宇曾利《うそり》（むつ市）と同じ意味で、「us・or　ウソロ・ウショロ　湾・湾内・窪んだ所」の転化した地名であろう。かつて樺太には鵜城（ウシロ）村が存在していた。文字通り鵜が多い所という意味もあるが、やはりアイヌ語の「ウスオロ（ウショロ）　湾、入江の中」と解けるという。

ここは縄文時代や古代には海や北上川が、ずっと奥まで入り込んでいたと推定できる。沢を奥へ進むほど標高が高く、手前はずっと低くなっている。皿貝川や追波川が作り出した地形ともいえるようだ。

現在は河川改修で少なくなったというが、以前は大雨が降ると、皿貝川付近は洪水になりやす

エリアを流れる川と集落の様子。普段は水の流れが見えないというが、この時は大雨の後だったので流れを確認できた

かったという。かつては、水田地帯まで川水が入り込んでいたのであろう。そこが入り江になっていた。

沢の奥にはソロミ山があり、北上山地の峰と峰の間の一つの入り江が曾呂美沢であった。沢奥を流れる川は、水が地下へ潜ることが多いという。これは石灰岩地質と関係するのであろう。

エリアには鹿島神社が鎮座しており、境内から見える景観は、古くから文化を運ぶ川の道が間近にあった。

雄勝《おがつ》　石巻市雄勝町

旧雄勝町は、雄勝湾に半島状に突き出した地形で、リアス海岸の景観が美しい地である。良質の玄昌石を産出し、江戸時代から硯《すずり》の産地として知られ、屋根材としてのスレートも有名である。

雄勝浜には古刹《こさつ》雪峰山天雄寺がある。支倉常長ら慶長遣欧使節の乗った帆船「サン・ファン・バウティスタ号」は、この雄勝浜呉壺《くれつぼ》で造られ、その後月浦へ移されたと伝わっている。天雄寺の本堂には、その柱材が使用されているという。

サン・ファン号は1613年、伊達政宗公の命により、月浦から出帆した。近くを流れる大原川の一部は、この船のドックとして開削されたと伝わっている。

ここの地名は、古くは「おかち」とも呼ばれたそうである。「く」の字形に雄勝湾が入りこみ、一番奥が雄勝浜だった。町名はここからの命名という。

「オガツ」は、和語よりもアイヌ語で解けそうで、「o・kashi・nay　オ・カシ・ナイ　川尻に・仮小屋がある・川」、あるいは「o・kashi・pet　オ・カシ・ペツ　川尻に・仮小屋がある・

地形が美しい雄勝湾。養殖棚が並んでいた

川」となるという。川を意味する「ナイ」や「ペツ」が消えたために、不可解な地名になってしまったようだ。ちなみに秋田市阿仁の「笑《おかし》内《ない》」という読みにくい地名も同じ意味である。

川を上って来る魚（多くはサケ）を捕獲するため、季節が来ると仮小屋が築かれたのであろう。この場合の川は、現在の大原川がドックとして人工的に流れを変えたとされているので、それ以前の位置を流れていた川を指すと考えるべきであろう。

幼《おさない》　石巻市北上町

登米市津山から七曲の坂を上り、北上山地の峠を越え坂道を下ると石巻市北上町女川へ到着する。領主飯田能登が家来に殺されるという江戸時代の悲話があり、能登の屋敷跡が残っていた。北上山地の一角にそびえる翁倉山から流れ出た小さな川が大沢川に注ぐ地、「オサナイ」の集落で「幼」という漢字が充てられている。まるで幼い子どものことが地名になったようである。

川のことを地元の人に尋ねると、「この川は、おがすね川でねやあ。潜っていぐんでがす」と話してくれた。要約すると、「この川は、変な川で、川の水は途中から地下に潜っていくのだ」という。さらに、「大沢川に近づく辺り（合流する付近）は石ころだらけだ」という。

この地名は、「o・sat・nay　オ・サッ・ナイ　川尻・乾く、乾いている・川、沢」となり、宮城県内では呼び方が変わっているが、北上山地に多くみられる現象を示すようだ。岩手県には、「長内」と書いて「オサナイ」と読む地名が多い。

流れに沿って歩くと、翁倉橋から100メートルほどの上流の位置で聞こえていた流れの音が、橋の下では全くなくなる。川に下りてみると、乾いている所、濡れている所があり、流れていた水は

最後はお椀ほどの水たまりになり、写真の中ほどのくぼみから地下に潜っていた

自然にお椀《わん》ほどの大きさになり、最後は地下に流れ落ちていた。

その地点から下には石ころだけが残り、まるで日照りで乾いてしまったようになっている。大雨が降ると表面を流れることもあるが、いつもこのようだと地元の人が話してくれた。キツネにつままれたようだったが、自然の仕組みは面白い。地名調査の魅力を味わい、名付けた人たちに脱帽だった。

川は間もなく大沢川に合流し、やがて北上川へ、そして太平洋へと注いでいく。

釜谷《かまや》　石巻市河北町

萱原《かやはら》が続く北上川沿いの道を追波湾へ向かう。悠久の流れに映る空の美しさに心癒やされる。遠く岩手から流れて来るこの川が、やがて海へと落ち込む間近に新北上大橋が架かっている。緑色の大きな欄干は、これが最後の橋だよと私たちに語り掛けているようだ。

旧河北町の「釜谷」は富士川が平行して流れる北上川の右岸に位置する。東日本大震災では集落全体が被災し、大川小学校の子どもたちをはじめ、たくさんの人々が犠牲になってしまった。

雄勝へ向かう地の「入釜谷」と違って、長面浜へ向かってぐんと地形が低くなっているのが特徴的な所である。「河北町誌」に掲載されている古い地図や地質・地形の項をひもとくと、古い時代の一帯は追波湾からと北上川上流から運ばれてくる土砂や砂が堆積してできた土地だとある。かつては海が入り込み、時代とともに低湿地となり、さらに人が住める地となって開発され、街が生まれていたようだ。

そのような川や海が作り出した地に、岩盤の所があったようだ。アイヌ語を話す人たちが暮らしていた時代には、その岩盤が丘陵地から海や川に突き出るように広がっていたのであろう。

東日本大震災で家並みが消えたエリア

そうした所に、アイヌ語による「kama・ya カマ・ヤ　平岩、岩盤の岸、あるいは岩盤の所」という地名が付けられたようだ。北海道木古内や下北半島にも釜谷の地名がある。釜といえば、塩田があったようにも思えるが、高台には入釜谷が、北上川対岸には釜谷崎の地名もある。アイヌ語で解ける地名といえるようである。

東日本大震災前、このエリアには民家や役所などがあった。山根の所には観音寺があり、600巻にも上る経文を背負って集落を巡る大般若経巡行が行われる地として有名だった。その列が正月の道を回るさまは、古い時代からの住民の魂をつなぐ一筋の道でもあった。経文さえも流失した大津波である。観音寺の仮本堂は入釜谷の方に引っ越していた。

久根前《くねまえ》　石巻市三輪田

旧河北町三輪田《みのわだ》の一角に、久根前上《くねまえかみ》の地はあった。上があるということは下もあるかと思いきや、「それはない」と地元の人たちは口をそろえる。

明治時代の「宮城県各村字調書」には、久根前、久根前田待井、久根沖土手外の地名が記載されており、現在は川沿いの水田の方が久根前、宅地の方が久根前上となっている。

和語であれば、久根は居久根《いぐね》のような囲いをいう地名である。しかし、ここは北上川と追波川に面し、宅地のある所は背後から岬のように突き出ている尾根に包まれたような地形で、それほど広い地ではない。尾根の方から次第に川へ向かって傾斜していく地であり、川の氾濫や洪水から守られるように高台に3軒だけ家がある。

もともと三輪田の地名は、尾根の裾野の地形に沿って川が流れていたことを伝えている。現在のように土手のなかった時代には、対岸とこちらの山並みの間に広々と水のエリアがあったと想定できる。

歩いてみると、三輪田は山の裾野に沿うように低地があり、ぐっと古い時代は地形のままに川が流れていたことがよく分かる。現在は低地が水田や畑になっているが、中世以降の水田開発により生まれたものと思われる。

久根前はとても土地が低いようで、川の傍に田んぼがある。高齢の人は田植えや稲刈りの際、腿《もも》の付け根近くまでぬかって大変だったと、自分の手を当てながら話してくれた。俗に「さざる」と表現されるぬかり田だったのだ。

現在は排水や用水が完備され、「田んぼに水をはるのも、蛇口をひねればよいから楽だ」と別のお年寄りが話した。最近までぬかり田だった。川が乱流していた時代にはその程度ではなかったであろう。川に間近な地は深くぬかり、ドロドロした低湿地やアシの茂る地だったと思われる。訪れた時は田んぼで重機が幾つも動き、トラックが出入りして工事が行われていた。それを証明するように重機で掘った跡には大量の水が湧いてドロドロし、長く続く小さな水路にはアシの列を刈った跡が伸びていた。

「クネマエ・久根前」の地名は、アイヌ語で、「kunne・oma・i　クンネ・オマイ　黒い・所」と解けるのであろう。「カミ」は和語で、その上の方ということになる。それが「クネ・マエ」と詰まり、さらに現在のような漢字が充てられたのだ。あるいはその逆かもしれない。

「クンネ」は、黒とか、夜、暗いなどが本来の意味である。北海道の函館近くの北斗市に、「久《く》根別《ねべつ》」という所があり久根別川も流れている。

工事中の水田（久根前）と久根前上（山の手前）

山田秀三著「北海道の地名」の中で、永田方正は「黒い・川」と解き、松浦武四郎は「クンは黒く濁れる形ち也」と解いていることを挙げ、本人は「黒くはないが、ひどい、泥水の川だ」と確認している。

ここでも、泥水を「クンネ（黒い）」と、呼んだのではないかと思う。「オマイは、そうした所」という意味で、「泥水のある所・泥のたまる所」という地名になるのであろう。地名が田んぼになっている所に残されていることが、キーポイントになりそうだ。泥はアイヌ語を話していた人たちにとって、あく抜きや染料など暮らしに役立つものだったかもしれない。あるいは川辺を歩く際に要注意の地だったかもしれない。

付近には引浪前や仲里前の地名もある。引浪は和語だと思えるし、仲里前はもともと仲里の地名があることから、そこから派生して生まれた地名であろう。文字は違うが中里の地名は各地にみられる。これらは久根前の地名とは、名付けられた時間が少しずれているのではないだろうか。

古くは北上川が谷一面に流路を変えながら流れていた地帯であったと思われる。その一角に泥がたまりやすい所があったのかもしれない。山からの水も多いというが、現在のように砂防ダムなどなかった時代には、豪雨や大雨などで泥水が流れて来たり、川の乾いていく過程では泥水の流れる水の路《みち》が幾つもあったのではないだろうか。

現在久根前の傍を追波川に向かって水路が流れている。そのような流れが山から泥水を流し、それが集まりたまる地を当時の人たちは「くんね」と呼んだのかもしれない。

笈入《おいれ》　石巻市和渕

満々としてゆったりと流れる北上川に沿った旧河南町の地名で、「吾妻鏡」の仁治《にんじ》二（1241）年五月十日の条に、「陸奥国小田保追入・若木両村云々《うんぬん》」と記され、追入が現在の笈入であろうとされる。別の伝承では、「源義経が東下りの時、柳の枝を地面に挿したところ、後に根を生じ枝葉が年々繁茂して林になったという。この柳の林は、笈入の柳として世の人々に知られ、地名はここから名付けられた」ともいう。

ここは近代まで北上川流域の遊水池的な役目を果たしていて、洪水が多く水田耕作地としては安定していなかった。「北上川の氾濫のたびにたくさんの砂が運ばれてきて、幾つも砂山ができるのだった」とかなり以前の調査の際、地元の人が話していた。

現在のように土手がとても高くなっていると考えにくいが、流路は変わりやすかったのだろう。土手のなかった時代や低かった時代には、当然のように洪水のたびに大量の砂や土砂が運ばれては堆積することがたびたびあったのであろう。対岸にも、砂が高く堆積していたことを伝える高須賀の地名がある。

JR石巻線が通る笈入の耕土

砂が堆積したり、砂山ができやすいということから、無理に和語で解かなくとも、アイヌ語で考えるとすんなりと解けそうだ。アイヌ語では、「ota・or　オタ・オル　砂、砂浜・所」で、砂の中や砂浜の所と解ける。北上川の流れが安定しなかったころには砂原が広がっていたり、砂山があったりしたのであろう。

そのような意味の地名「オタ・オル」に笈入の漢字が充てられたことにより、文字を読むようになり、「オイレ」と訓が変わったと思われる。

目移《めうつり》　東松島市西福田

航空写真で見ると、旭山丘陵の南端真近に浮かぶ陸繋島《りくけいとう》のような地形で、西を鳴瀬川が流れ、それに合流する鞍坪《くらつぼ》川が東を流れている。ちょうど三角形のような島状の地の東南に目移のエリアがある。

鳴瀬川沿いに野蒜《のびる》海岸へ向かう途中の丁字路に「目移地区」と記された案内板があり、通るたびにいつも気にかかっていた。「メウツリ」とはどんな意味の地名か、「目が移る」とはどんなことなのか、「目に映る」ではないのか、和語地名なのかアイヌ語地名なのかと興味が募る。「ここには目移という地名はないんだよ」という女性の言葉に驚いた。「字目移」という地名は存在せず、「関下、流蒲、鞍坪、堀切」の地を一括して「目移」と呼ぶのだという。

しかし、「封内風土記」に「目移」の記載があり、1776（安永5）年の「深谷風土記」の小名の中に「目移」の記載があった。他に「目移御竹藪」もあり、地元の清福寺の項には、目移部落の「目移観音寺」を1806（文化3）年に移転合併して今日に至るともあった。この地名は古くから確かに存在し、いつからか字名としてではなく、通称地名として現在まで存続してきたらしい。

ここは、尾根を背後に少し高い地にほとんどの民家があり、前方には水田が整然と広がっている。「子どもの頃はジュンサイの採れる沼があったんだよね」と懐かしそうに話す人がいた。その沼は尾根の裾野に面した広いエリアにあったが、昭和の開田ブームの際に干拓されたという。その道を奥まで歩くと、以前は沼だったとあちこちで感じることができる。耕作している一人が、「沼を干拓したから、とてもぬかるんですよね」と話していたのがうなずけた。

鳴瀬川と鞍坪川という二つの川が流れていることから、以前は屋敷へ水が上がるほどの洪水があり、どこの家でもダンブネと呼ぶ舟を常備していたという。「深谷風土記」にも「水損」とあり、雨量が多くなると沼や屋敷へ向かって大量の内水も流れ落ちてくるそうだ。土手のなかった時代には直接川へ注いでいたのかもしれない。

旧家の初代は、江戸時代後半にこの地に落ち着いたらしいという。新田開発以前は鳴瀬川の川道が幾筋も蛇行しながら流れ、沼や低湿地が広がっていたのであろう。流蒲《ながれかば》の宅地は土盛りされており、昔は川原だったと、住人が話してくれた。

現在潜穴を六つももつ鞍坪排水機場が北側にしつらえられ、遠田郡方面からの排水を集めて流れているが、一番古い潜穴は元禄潜穴と呼ばれているという。この潜穴が掘削されるまでの一帯は、鳴瀬川と遠田方面からの水が島状の地の周りを取り巻いていたと想定できる。そのような様子から、アイヌ語で、「メム・ウツル　mem・utur　水の間」という地名が付けられたようだ。

　稲作をしなかったアイヌ語を話す人たちは、海に近く、川や沼からも暮らしの糧を得ることができる大切な地として、ここに「メム・ウツル」という地名を付けたのであろう。それが、初めは「メム・ウツル」と発音されていたのが、時代の経過とともに「ム」が隠れてしまったか、あるいは発音されなくなって「メ・ウツル」と転訛《てんか》し、さらにいつの時点かに目移の漢字が充てられ、その漢字を読んで「メ・ウツリ」と発音されるようになったのかもしれない。

目移地区の案内板

　地名が付けられた頃には、陸繋島のように見える一帯が、現在よりもさらに水に囲まれていた地であったことになる。古代の人々は、その川水や排水の集まってくる水の間の高台に暮らし、狩猟や漁労などを行っていたのかもしれない。２０１９年10月の台風19号による豪雨の後に訪れると、水田が冠水して、まさに水に囲まれた地、水の間の地（浮島のよう）に見えた。地名が付けられた頃の再現のようにも感じられた。

　地元の人によると、昔は背後の高台にお寺があったと伝わっており、今でも古墓が出ることもある。そのお寺が、目に映るようなきれいなお寺だったので、「目移」という地名になったと聞いているという。これは文字から生まれた付会であろう。ちなみに、エリアにあったというお寺について、目移観音寺があったと「鳴瀬町誌」にある。「ダイニッツアン」と呼ばれ現在も残る石碑は、どうやら中世の領主長江氏にかかわるものだったようで、剥離して文字が読み取れなくなっているが、1315（正和4）年の長江弥九郎という人の供養碑らしい。この石碑やこの観音寺の山門が、屋敷の並ぶ東にあったと伝わっていると語る人もおり、目移観音寺の存在を裏付けていた。

海にも近く、川や湖沼に囲まれた目移エリアは、洪水をはじめ自然災害に苦労してきた暮らしがあったようだ。2003（平成15）年7月26日の宮城県北部地震では、背後の山が地滑りを起こし、母屋に続く車庫の屋根が土砂に覆われたという家や、屋根の瓦が大量に落ちた家もあった。被災した人は、「夜中（26日午前0時13分）に予震（震度6弱）があった。翌朝本震があり、危険の赤紙が貼られた」と話した。ここは、宮城県の土砂災害警戒区域等に指定されているエリアで、急傾斜地の崩壊が起こる可能性のある地である。それを物語るように自然災害が起きた。

洪水について地元の男性は、「鳴瀬川が南郷で切れると、ここもすぐ洪水になった。戦後すぐくらいにもあったようで、屋敷まで水が上がったと聞いている」と話し、別の人は「何回も洪水になったようだよ。田んぼが冠水することも多かったようだ」と話した。

ジュンサイの採れる沼が干拓されて水田になった

鞍坪川を挟んで流蒲と流地《ながれち》の地名があるが、これは洪水で流された地であることにも通じ、川の流路跡であることも伝えている。そのような所にガマやアシなどがたくさん生えていた時代があったのであろう。先のジュンサイの採れる沼も、そうした水の流れの跡の一部で、洪水や流路が取り残されて生まれたものであったろう。そうした地はやがて低湿地とともに水田へと開発され現在の美田へとつながっている。

また川名や機場名にもなっている鞍坪は、馬につける鞍の文字が使用されているが、これはまさに当て字である。クラは本来は古語の「クレ」という崩れやすい地のことであり、水難や地震により土地が何度も崩されたことを伝えている。地名は、あくまでも訓にその意味が込められている。

新田《にった》　東松島市

旧鳴瀬町の、河口に近い鳴瀬川の流れと旭山丘陵の南西端に開けた地域である。山水がたくさん流れ出て、集まった水は、堀を越え田んぼに流れ込み洪水となった。排水がとても悪かったという。

新田は「ニタッ」を文字化したもので、料理のヌタと同じ意であり、新田開発地に付けられる「シンデン」とは違う意味を持っている。土地がジトジトしている湿地や沢を指している。アイヌ語でも同じ意味を持ち、「nitat ニタッ　湿地、谷地」をいう。県内でも比較的多くみられ、大崎市田尻の新田《にいた》柵跡や東大崎の新田《にいだ》、登米市新田や新井田、多賀城市にもある。

ここは江戸時代初めに地区全域を堤にし、旧矢本町鹿

今も残る洪水に備えた小舟（2005 年撮影）

妻まで潜穴や堀を掘削して新田用水が引かれた。住民やお寺も引っ越し誰も住まなくなったが、逆流などで目的が十分に達せられなかったことから、その後また集落が復活したという特殊な地域だ。

堤だった所は田んぼに干拓され、用水の大土手跡が今も一部残っている。田植えや稲刈り時の大雨の後などは、「ももた（太もも）までぬかるのだった」と70代後半の人が話してくれた。排水機関場や暗渠《あんきょ》工事が徹底されるまで、各家には小舟が常備され、刈り取った稲を守ったり、洪水時には避難用に使われたりした。

女川《おながわ》　女川町

平成の合併でも他の町にのみ込まれることなく、牡鹿郡の一郡一町として残った町の名前である。典型的なリアス海岸の入り江の奥に位置する町で、かつて柳田国男も訪れている。

東日本大震災では中心街のほとんどが被災し、大きな建物や施設が次々と倒壊した。街の背後

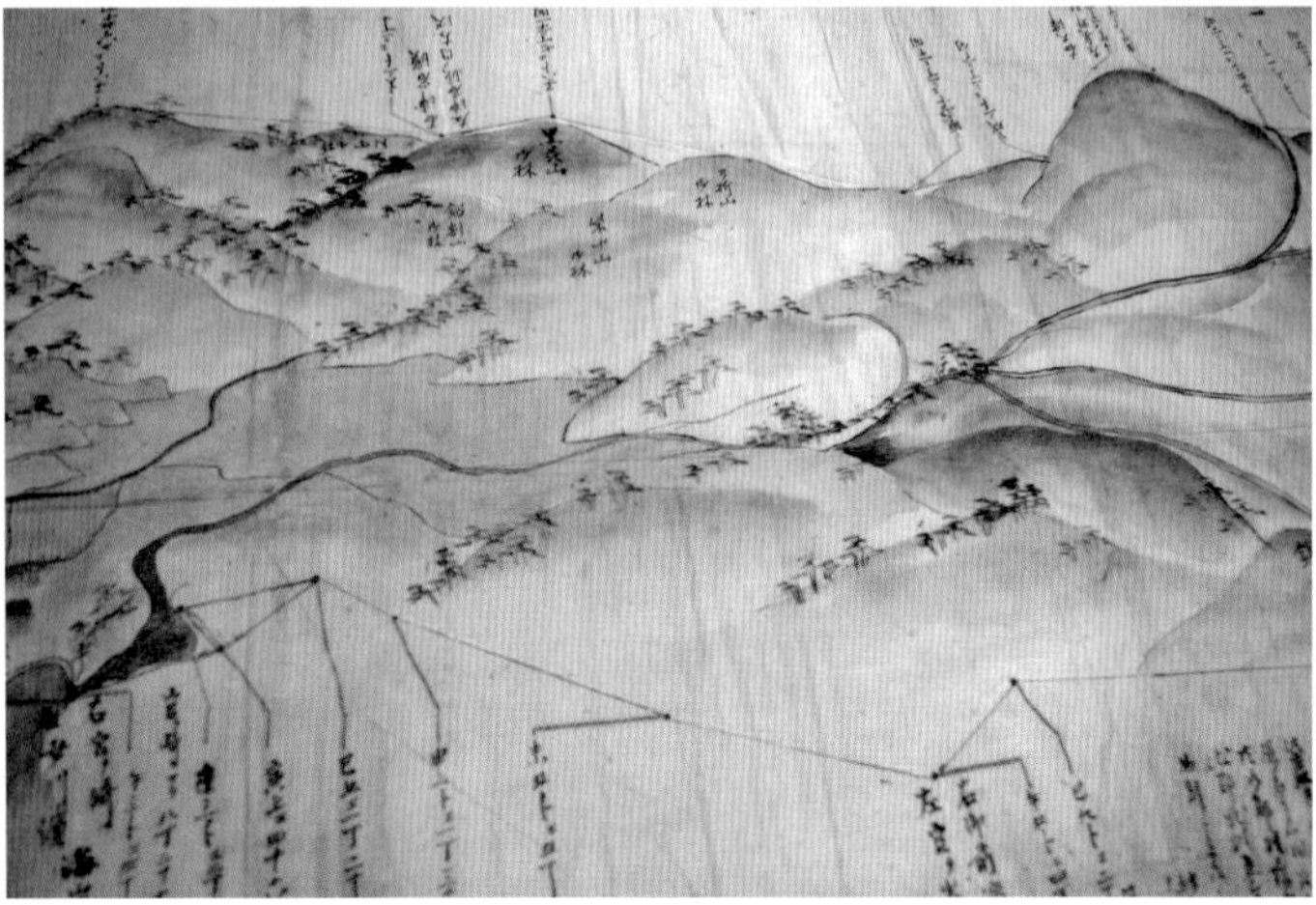

文政５年の絵図に川が山手で合流しながら河口に向かって流れている様子が描かれている（女川町所蔵）

にある山地から3本の川が流れ出し、やがて日《ひ》蕨《わらび》地区で合流し一つの川となる。このような川の流れの様子が女川の地名となっており、町の名もここから付けられた。女川浜という地名もある。

地名の由来は「onne・nay（オンネ・ナイ）、小さな川が大きくなる川、（人間なら成長して）年をとる川」という意味のアイヌ語で解くことができる。

地元での地名解は、安倍貞任軍が源頼義軍との戦いの際、女や子どもを安野平に避難させたので、そこから流れる川を女川と呼ぶようになったと伝わっているという。

この川は、途中の新田《しんでん》エリアで流れがすっかり乾き、ゴロゴロとした石ばかりが見える「サツ・ピ・ナイ　乾く・イシ（の）・川」の様子

（川が乾き石だけになる）となっている。地元の人は「冬でも乾いているようだ」と話した。その下流で水は再び上を流れ、やがて女川湾へと注ぐ。

新田の地名は江戸時代の開発時くらいから呼ばれるようになったと思われ、それ以前はアイヌ語の「サツ・ピ・ナイ」と呼ばれた地名だった可能性がありそうだ。

同じ女川の地名が、石巻市北上町にもある。ここでは幼《おさない》川などが合流して大沢川となり、やがて北上川へ注ぐ。同じように川がだんだん大きくなることから、年を取る川あるいは成長する川といえる。

伊里前《いさとまえ》　南三陸町

旧歌津町の庁舎があり、高台に学校が見えるなどのメインストリートだったエリアである。目の前に伊里前湾が広がり、街との間に伊里前川が流れている。

この川で、2011年3月の東日本大震災後、小学生たちがシロウオ漁を始めようとしている

伊里前川のシロウオ漁の簗

ところに出会った。川の中に石を幾何学状に並べた簗《やな》を造り、そこへ網を仕掛ける。満潮になると遡《そ》上《じょう》してきたシロウオが入るようになっているのだそうだ。ザワと呼ばれる仕掛けで、古くからあった漁法らしい。

そんな自然豊かな環境の街を襲った津波の影響で、東浜街道と呼ばれる道の両側に並んでいた住宅地が消え、新しい道が造られていた。以前とは暮らしの様相も変わってしまったが、出会う人たちのすてきな笑顔に救われる。

伊里前の地名は古いものであろう。これは、和語よりもアイヌ語で解ける。そうとは分かっていても、しっかりとした由来がなかなか難しくて確定できないでいた。歴史的に住民の変化などにより、語韻転訛《てんか》が何度もあったからであろう。

ここで挙げる地名解も、絶対とは言えない。一つの解として挙げておきたい。伊里前の地形を意味するもので、「e・sa・oma・i　エ・サ・オマ・イ」、あるいは「etok・sa・usi・oma・i　エトク・サ・ウシ・オマ・イ」で、「頭が、浜に、ついている、所」と解くことができる。ここでいう「頭」とは、「山が海に岬のように突き出ている様子」を意味している。

伊里前は、今でも湾に山が突き出た地形である。田束山などへ行くにしたがって山が高く深くなっているので、この地名解が合いそうである。

三陸海岸には、冬になると北海道から舟で南下してきて、春まで暮らしたアイヌ語を話す人たちがいたという記録もある。それと関係しているのか、アイヌ語で解ける地名が多く残されているように思う。

また、田束山は奥州藤原氏ゆかりの山岳信仰の霊山であることから、この一帯は早い時代から繁栄していた地であったのであろう。

歌津《うたつ》　南三陸町

２００５年10月1日に志津川町と合併したリアス海岸の風光明媚《めいび》な町で、１９７０（昭和45）年、約2億５０００万年前に出現し、ジュラ紀に生息していたという、世界最古と考えられる魚竜の化石が見つかった。それは、ウタツギョリュウと名付けられたが、歌津では幾つもの魚竜の化石が見つかっている。

東日本大震災以前、魚竜の展示施設、歌津魚竜館が立っていた一帯は、もともと岩礁が迫り、西の方は砂浜であったという。埋め立てが進み、昔とは地形が変わっていると、地元の人が語った。しかし、２０１１年3月11日に津波が来襲した。復興後には高い防潮堤が築かれて、様子がまたまた変わってしまった。

国道45号を横断して海岸へ向かうと、伊里前の方から小さな川が流れ込んでいる。以前はその東側に海水浴ができる砂浜があったという。近くにいた30代の女性が「子どもの頃にはこの砂浜で泳いだ」と思い出して話してくれた。その砂浜も舗装されてすっかり見ることができなくなった。

古くは砂浜であった地が舗装されている(2005年10月撮影)

地名の由来について地元では、「田束山のお社の方から見て、卯辰《うたつ》の方向に村が開けたから」という説があるそうだが、もともとは、アイヌ語で解ける地名であったと思われる。

ウタツは、「ota・sut　オタ・スッ　砂浜・根もと、麓、端っこ」という「砂浜の端」を示す地名であったろう。「オタスツ」が、「ウタスツ」となり、さらに「ウタツ」と転訛《てんか》し、現在の漢字が充てられたのであろう。あるいは逆かもしれない。「オタ」という言葉に歌の文字が充てられることは多くみられる。ここでは、これから岩礁地帯になろうとする辺りの狭い砂浜になる。

北海道寿都《すっつ》町には歌棄《うたすつ》という地名があり、やはり同じ意味の地名である。ニシン御殿のある町として知られている。

保呂羽《ほろわ》・保呂毛《ほろけ》　南三陸町

現在の街は、東日本大震災の復興施設や道などの工事現場がまだまだ目に入る。そんな街の様子を見下ろすかのように、美しい姿の保呂羽山がそびえているのが、市街地からもよく見える。町内には戸倉と入谷に同じ山の名があり、入谷の方を雄保呂羽と、土地の人は呼んでいた。戸倉の方が雌保呂羽なのだという。

ずいぶん前にも登ったことがあったが、かなりの急坂で車がエンストしてしまい、ずり落ちそうになり怖い思いをした。今回は地元の人に無理なお願いをして頂上の保呂羽神社を目指した。津波がさかのぼった水尻川に沿って西に向かう途中の保呂毛橋を渡る。下を流れる川は保呂毛川で、美しい流れが涼感を誘う。川沿いに下保呂毛、上保呂毛の集落がある。しばらく道なりに進むと集会所があり、付近の家は300年以上も続いているそうである。古くからの集落らしい。

家々の門先の川の中には階段がしつらえてあり、それぞれに洗い場がついていた。尋ねると「ツケェバ（使い場）」と呼び、以前はお米や野菜などを洗い、洗濯もしたという。水道が引かれる以前のことで、井戸もあったというが、この使い場が重宝されたと下流から嫁いで来たという

保呂羽山にある保呂羽神社

女性が話してくれた。

道は川沿いにあるが、保呂羽山へ向かう道はどんどん急坂のつづら折りになっていく。正鵠《せいこく》の森に入るとさらに角度が急になり、道の中央には草が茂り、両側からは背の高い草が車に向かって手を伸ばすように覆ってくる。

そんな道は車のエンジン音が高くなり、思わずブレーキを踏みたくなる。坂を上って保呂羽神社の鳥居に着いた。こつぜんと現れた神の社の周りには、人を近付けないような静謐《せいひつ》な空気が漂い、厳かな気配の中に足を踏み入れる感がある。

古くから修験の山だと伝わり、役小角《えんのおづぬ》が開いたとされる神を、保呂毛の人々は「こどもの神様」と呼んでいた。春秋の祭りには、小学入学前後くらいまでの子どもを背負って社へ登り、

使い場が残る保呂毛川

豊穣とともに健康と無事を祈ったものだという。以前登った際に会った主婦は、「自分の子をしょって登ったよ。坂がきづいので、大変だったけど、無事に育ってほしいがらね」と、にこにこしながら話してくれた。

標高３２９メートルという山の名、「ホロワ」はアイヌ語で「poro・pake　ポロ・パケ　大きな・頭」と解ける。アイヌ語を話していた人たちにとって、この山容が他の山と比べて、美しく大きな頭のように見えたのかもしれない。

「ポロ・パケ」が「ポロ・パ」となり、さらに「ホロ・ワ」と転訛《てんか》したのであろう。また麓の「ホロケ」の地名も、「ポロ・パケ」が、「ポロ・ケ」とつまったものであろう。それぞれにいつの時代かに、現在のような漢字が充てられたと思われる。

保呂羽山は秋田県や岩手県にもあり、保呂羽神社は高清水や一迫にもある。山がない地にも祭られているが、それぞれが信仰を持つ人たちによって分霊され、派生されたのであろう。

猿内《さるうち》　気仙沼市本吉町

国道45号を気仙沼方面へ向かうと、大谷海岸道の駅の案内板や国道45号山谷と書いた標識が見えてくる。この付近から左へ入る道があり、右手の高台にお地蔵様が祭られている地点がある。さらに奥へ進むと山あいの谷間に耕作されなくなった狭い田んぼが見えてくる。地形は少しずつ標高が高くなり、森が深くなっていくらしい。

猿内の地には、この狭い道沿いに川が流れているが、地元の人に尋ねても川の名前は分からないという。結構水量がある川で、国道の下を隧道《ずいどう》にして前浜の方へ流れ、太平洋へ注いでいるらしかった。

猿内は「サルナイ」というアイヌ語で解ける地名なのか、「ザレ」が転訛《てんか》した崩壊地を示す地

猿内の地名由来につながる川が左手を地形に沿って流れている

名なのか、どちらとも言えないまま調査に入った。
　歩いていると小さな崖が見える。お年寄りに過去に崖崩れはなかっただろうかと尋ねてみたが、答えは「ないですよ」とのこと。他の人にも聞いてみたが、誰もが「聞いたことがない」と話した。ということは、和語地名ではないのかもしれない。
　地元では、「サルナイ」とは発音していないので、もしや「サルウチ」というアイヌ語で解けるかもしれないと、視点を変えて聞き取りをしながら歩いた。さらに道路マップでは見えない水の流れがありそうだ。それを確認するために図書館へ行き、住宅地図を参照した。
　すると水の流れは、国道へ通じる流れと、水路状の枝川があることが確認できた。地図を見ると国道への流れは、上流でもう一つの川と合流している。これが大きな地名解釈のヒントであった。

猿内は、アイヌ語で解いても大丈夫らしい。サルウチは、「sar・ut・nay　サル・ウツ・ナイ　アシやヨシの茂る、横の川あるいは脇の川」という意味になる。これは、人の体の肋骨《ろっこつ》のような感じで、枝川が幾つもあることを伝えている。後にアイヌ語の先生にも同伴してもらったが、アイヌ語で間違いないということだった。

アイヌ語地名辞典などや現地の様子を照合すると、「猿内というエリアの横の方を川が流れ、さらに上流で脇の方からもう一本の流れが合流している土地」という意味に、「sar　アシやヨシ」が一緒になった地名であろう。漢字に示された動物の猿とは、まったく関係がないことになる。

気仙沼《けせんぬま》　気仙沼市

宮城県北東部に位置している。漁業が盛んで湾内には大小の船が停泊しているのが見られ、心ひかれる街である。古い時代の「気仙」の地は、岩手県の陸前高田市付近まで含まれ、901（延喜元）年に成立したという「日本三代実録」に、計仙麻《けせま》と記されている。旧河南町（石巻市）の旭山には、計仙麻神社が祭られており、旧桃生郡も気仙エリアに入っていた時期があったのかもしれない。

地名の由来には、和語説とアイヌ語説があるが、ここではアイヌ語説を挙げてみたい。「日本後紀」の810（弘仁元）年10月27日の記述に、「渡嶋《わたりしま》の狄《えぞ》が200人余やって来たが、陸奥国の管轄外の人たちだったので帰そうとした。しかし、狄たちは、寒い季節に海路を帰るのは困難なので、春まで待って帰りたいと申し出て許された」とある。

狄とは、アイヌの人たちのことを指しており、これ以前からアイヌの人たちと三陸沿岸の人たちの交流があったと思われる。当然アイヌ語が会話に常時使用されていたことであろうから、地名にアイヌ語が残されていても不思議ではない。

気仙沼湾には大型船や漁船などたくさんの船が停泊する様子が見られる

アイヌ語で解けるとすれば、一般的には「kes・moy　ケシ・モイ　下《しも》の外れ、末端、尻・岬の陰になっているような波静かな海、浦、入江、入海」と解け、「端の入り江」となるようだ。それに現在のような漢字が充てられた。

気仙沼湾は、古くから細浦とも呼ばれている。埋め立てが進んでいる現在でも、まだまだそのような地形である。また、大川沿いに「内《ない》の脇」という地名があり、現在幸町となっている地も以前は含まれていたそうである。この地名の「ナイ」もアイヌ語の川を意味しているのであろう。

「仙台領遠見記」には、「内の脇とて西風釜町より続き汐場在り」と記され、塩田があったことがわかる。「ワキ」は和語であり、地形的にはうなずける。

1611（慶長16）年スペイン特派使節のビスカイノは、牡鹿、桃生、本吉、気仙の沿岸を測量して気仙沼に到達した。その際、気仙沼湾を「これまで発見した港の中で、最良の港津」と称賛している。

江戸時代には、波路上《はじかみ》で塩田が行われ、仙台藩御用の御膳塩として上納された。特に花塩（最初にできる結晶）は波路上の名産として知られていたという。

五駄鱈《ごだんたら》　気仙沼市赤岩

国道45号を走り気仙沼市内へ入ると、それまでの低地からどんどん坂道になっていく。地形的には、国道から東へ傾斜しており、その向こうは海岸になっている。

地名は、赤岩五駄鱈と松崎五駄鱈がある。本来は同じエリアであったろうと思われ、地元では、「ゴンダラ」と呼んでいる。

五駄鱈の沢には水田が広がっていた

地名由来に次のような話がある。若く美しい娘のもとへ、名前も身分も不明の美しい青年が夜ごと通ってきたという。家族はこの男の素性を知りたいと願い、袴《はかま》の裾に縫い針を刺し糸のついたまま帰した。翌日おだまきの糸を辿《たど》って行くと、下方の沼田で大きなタラが死んでいたという。若い男の正体はタラだったのだ。

人々はこのタラを切り分けて五駄の馬に積んで町へ売りに行った。しかし売れずにタラはどんどん腐ってしまった。それを近くの沢へ捨てた。タラを捨てた地を「鱈沢」と呼び、さらに五駄に積むほどの大きなタラだったので「五駄鱈」の地名になったという。

昔は大きな物や大量の荷物を運ぶ方法として馬を使用した。1頭の馬に運ばせる荷物を1駄と呼ぶ。五駄とは、馬5頭に積んで運んだということになる。話に出てくるタラは、馬5頭で運ぶほどの大きさだったようだ。

これは文字から生まれた地名伝説で、三輪山（蛇むこ）伝説の変形である。もともとの話では、青年は蛇だったのであるが、漁業の町らしくタラになっていた。似た話は全国にあり、県内にも多く残されている。鉄精錬にかかわる地に多く残されているという。

ここの沢でも鉄分を含む水が流れている。上流には前田鉱山が稼働していたことがあったというから、古い時代にはタタラ製鉄に関わる人々が仕事をしていた時代があったのかもしれない。

漢字だけを見ると和語地名のようだが、この地名は、「kotan・taor　コタン・タオル　沢の中の村」という意味のアイヌ語地名である。集落の様子から生まれた地名のようである。

赤岩五駄鱈の水田はひざ下までぬかり、以前は港まで続く大きな沢だったという。「安永風土記」に、今も続く「五駄鱈屋敷」が記されており、昔からの大きな集落だったと地元の人に聞いた。

山谷《やまや》　気仙沼市本吉町

「ヤマヤ」という地名は各地にあり、時には「サンヤ」と転化していることもある。地名にはおかしなことがあるもので、同じ漢字を用い、同じ訓で呼ばれるのに、全く意味が違う地名がある。この「ヤマヤ」もそういう地名だった。

旧本吉町の地名で、国道45号を気仙沼方面へ向かい、日門《ひかど》漁港の手前から坂道を登って行くと山谷地区になる。山ユリの咲く季節で、道の両側あちこちに香り高い白ユリが見られた。坂道をさらに上ると、山谷地区の平地状の場所に出た。もともと山地だったのを切り開いたような集落で、所々に窪地《くぼち》が見え、木々の茂る山が奥の方に見える。途中から左へ入る道があったがそのまま奥まで行くと行き止まりになり、林が奥へと続いていた。

ヤマヤの地名は、和語で解ける場合は「川や沢に沿ってひらけた地」であり、私の住む大崎市鹿島台にも山谷という集落がある。そこは確かに「広長川が作り出した谷間の沢」である。

しかし、ここはまるで違う地形だった。海岸から高台へ、森というか山そのものがヤマヤだった。道を一本隔てた南側の猿内の向こうの谷間と、日門漁港側から西へ入る谷間とに挟まれた高

窪んだ地や高い所など起伏のある山谷の地

台に住宅地がある。初めて調査に入った際、あまりの違いに驚いた。

ここは、アイヌ語で解ける地名だったのだ。そのためになじみのある山谷とは地形が違っていたのだった。アイヌ語では「yam・ya　ヤム・ヤ、あるいはyam・ni・ya　ヤム・ニ・ヤ　栗の実・(栗の)木・丘」と解くことができ、「栗の木が多い丘あるいは土地」を意味する地名になる。栗は、縄文の昔から、人々の暮らしの中で大切な食料源の一つだった。アイヌ語を話す人たちも、栗が収穫できる土地がここにあるということで地名を残したのであろう。

同じ山谷の地名でこんなに地形が違うとは、想像もしていなかった。私たちの古里で暮らした先人の言葉の違いが、こんなにはっきりと地名によって分かる。地名の持つ不思議な魅力を感じた。和語とアイヌ語で解ける地名の違いの例としても貴重であろうと思う。

2011年の東日本大震災による津波で被災した人たちが、新しい土地を求めて住み始めているようで、新しい建物や建築中の家が多く見られた。

ちなみに、登米市石越町や岩手県内にも、同じようにアイヌ語で解ける山谷の地名が確認できる。

小田《こだ》の浜《はま》　気仙沼市大島

大島は、東北最大の有人の島で、門番のような感じで気仙沼市街の入り口にある。島には田中浜や十八鳴《くぐなり》浜などいくつもの浜がある。ここは、1928（昭和3）年ごろに開設されたという長い歴史を持つ海水浴場のある浜である。

長い間の島民の願いだった架橋がかない、2019年4月7日気仙沼大島大橋が開通した。夏のある日、その白い橋を渡った。島へ向かうのは11年の東日本大震災後に、フェリーで渡って以来のことだ。

東側へ続く道を進むと、あちこちに案内板があり、次第に美しい弧を描いたような浜が見えてきた。紺碧《こんぺき》の海と白砂である。遠浅の海水浴場で、打ち寄せられる砂が美しい浜をつくっているようだ。

白い砂や砂浜そのものが地名になったのであろう。アイヌ語では「砂や砂浜」のことを、「otaオタ」という。浜は和語である。オタだけでも砂浜になるが、小田の浜と書くと浜が二度続くことになりそうだ。地名が決められた当時の関係者の苦労が感じられる。久しぶりに砂の上を歩くと、独特な感触が伝わってきて気持ちが高揚してくる。

地名は「こだのはま」と文字化され発音するようになっているが、地元の人に尋ねると、「コダノハマとも、オダノハマとも、言いますよ」と、愛らしい女性がバイクを止めて話してくれた。

本来は「オタノハマ」であり、それが「小田の浜」となり、漢字を読んで「コダノハマ」ともなったのであろう。オタは、ウタとも転訛《てんか》しやすく、南三陸町の歌津《うたつ》も同じである。

たくさんの人が生き生きした笑顔で海水浴を楽しみ、くつろいでいる。久しぶりに聞く子どもたちや若者たちの元気な声が響く。心地よくゆったりと過ごせそうで、遠く福島から来たという人にも出会った。

高台に向かって石垣が組まれ、段々になっている場所に民家が並んでいた。狭い道を入って行

令和の小田の浜で海水浴を楽しむ人々

くと、入り江状の湾がきれいに見えてきて、浜で遊ぶ人たちを鳥瞰《ちょうかん》するような感じである。漁業や民宿を営む家が多いのか、大きな屋敷と建物が並んでいるのが特徴のようだ。

どんどん高くなっていく集落への道の三差路に古い石碑が建てられていた。摩耗して判読しにくくなっていたが、タイトルははっきりと読むことができ、横文字で「MEMORIAL OF THE GREAT ERTHQUAKE AND WAVE」とある。下の碑文は漢字で刻まれており、大津浪や海嘯、明治三九年、昭和八年の文字を確認できた。どうやら、津波の被災があったことを後世に知らせる石碑のようだった。災害を経験した人たちからの、用心してほしいとの願いが込められているのであろう。

赤牛《あかうし》　気仙沼市本吉町

旧本吉町の地名で、志津川方面から国道45号を北上する途中の海岸地帯に、赤牛のバス停が見えてくる。国道を挟んで小さな港があり、反対側の道を入ると赤牛の集落になる。道なりに進むと朴ノ木の地があり、一番奥に大谷鉱山跡地がある。

一帯は古くから金鉱石が産出されていたようで、大谷鉱山は平安時代後期にあった、源頼義軍と安倍貞任軍の戦い、前九年の役（1051～62年）以前から掘られていたそうで、平泉の黄金文化を支えたとも伝えられている。

赤牛川は大谷鉱山の方面から集落を縦断するように海へ向かって流れている。東日本大震災の津波で被災し、住宅も流されるなどの被害を受けたそうで、取り払われた住宅跡が更地になっていた。川沿いの高台には残った民家が並んでいた。

少し高い所に八幡様が祭られているが、近くで出会ったご夫婦に尋ねると、2011年3月11日は、海の方から大きな津波が川をさかのぼって押し寄せて来た。鉱山跡地の方からは、鉱滓《こうさい》の堆積場の一部が液状化し、堰堤《えんてい》をオーバーフローして下流へ流れて来た。

津波と濁流に壊された赤牛の流れ

上流からはヒ素などの鉱毒を含む水が流れ、下流からは大きな津波が襲ってきたそうだ。住民たちは津波との挟み撃ちのような状態になり大変危険な思いをしたという。

住んでいた家が流されたり、その鉱滓の濁流の中に体が腰ほどまで埋まってしまったりした人もいたという。さらに飲料水を入手するのも困難だったという。

一帯には、アイヌ語で解ける地名が多く、内陸よりアイヌ語地名の分布が多いのが特徴だ。古くからの北海道や岩手県方面との海上交流が多かったことも一因かもしれない。

アカウシの地名は、「wakka・usi　ワッカ・ウシ、清水や湧水のある所」という意味のアイヌ語で解くことができる。ワッカは、それだけでも水を意味しているので、赤牛川の流れそのものを地名とした可能性もありそうだ。ワッカは、アカと転訛《てんか》しやすく、赤牛は、まさに好例といえる。

以前の調査でも確かに湧水があったと聞いたが、震災後も奥の方に水が湧く所が見られると地元の人たちが話してくれた。岩手県には和賀岳や、赤浜がある。ちなみに、アイヌ語で赤い色は「hure　フレ」という。

令和になってから再訪すると、赤牛のバス停の隣にＪＲ東日本のバスによるＢＲＴ（バス高速輸送システム）の小金沢の駅名標識も並んでいた。

登米沢《とよまざわ》　気仙沼市本吉町

旧本吉町の登米沢海岸を初めて訪れたのは、２０１１年の東日本大震災の後のことだった。バス停があるのになかなか海岸への入り口が見つからず、国道45号を行ったり来たりした記憶がある。やっと見つけた入り口を東へ、急な坂道を下って行くと比較的狭い浜辺に到着する。

登米沢の海岸(2019年8月撮影)

砂浜というより大小の石の多い海岸で、両側に弧を描くように続く海岸線は、驚くほど美しかったのが印象的だった。民家は国道近くの高台にあり、海岸付近には全く見られない。

宮城県内で「登米」と書いて「トヨマ」と読む地名は、登米《とめ》市登米《とよま》町がよく知られているが、石巻市桃生町にも同じ地名がある。「トメ」と読まずに、「トヨマ」と読むことに地名の特徴があり、同じように読む地名が岩手県山田町に豊間根《とよまね》、青森県五戸町には豊間内《とよまない》がある。

トヨマの地名は、「toe・oma　トイ・オマ（食べる）土・ある」と解ける。ここでは、ナイ「nay　ナイ　川や沢」の音が消えて、和語の「沢」が生かされたのであろう。本来はトヨマナイ、「toi・oma・nay　トイ・オマ・ナイ（食べる）土・ある・川や沢」であったと思われる。

アイヌ語を話す人たちは、珪藻土《けいそう》と呼ばれる土を、「ci・e・toi　チ・エ・トイ　われら・〜を食べる・土」と呼び、煮込み料理などのとろみをつけるのに利用していたという。

珪藻土は、白亜紀（約1億4500万年〜6600万年前）以降の地層に多く見られるそうで、三陸海岸の地層と地名の所在地が関係しているのかもしれない。海岸から国道へ向かう坂道を歩きながら珪藻土の地層がないかと探してみたが、残念ながら見つけることはできなかった。違う場所にあるのだろうか。付近の地質をよく知らないと無理なのかもしれない。アイヌ語を話していた人たちは、よく知っていたのであろうなあと感心しながら歩いた。

この浜はサーフィンができることで知られていたが、震災後自粛されていたようで、サーファーによる「がれき撤去」などが行われたと聞いた。

令和になってから訪れた際も、真っ白い防潮堤の上や浜辺に立つ若い人たちの姿を見た。穏やかな海が続くといいなあと思う。近くに住んでいた知人が、震災直後に「何にもなくなってしまった」と落胆の言葉を発していたのが忘れられない。

尾田《おでん》　気仙沼市本吉町

おいしそうな地名だね。初めて知った時の印象だった。ちょうど本吉要害の付近を調査していて知った。どうしてこのような訓が充てられているのか不思議だった。地形からの由来なのか、それとも民俗的なことから名付けられたのだろうか。興味津々の地だった。

国道346号を東の海岸地帯へ向かって行くと馬籠《まごめ》小学校が見えてくる。その付近から馬籠川の流れが左手に見えるようになり、流れに沿うように左手に入る道がある。

前日の大雨で、川は思いのほか勢いのある流れだった。何気なく通り過ぎていたが、付近にある要害という古い地名は、洪水の通り道に多く付けられる。つながりがあるのだろうか。

馬籠川は、尾田の入り口付近でほぼ直角に折れて流れ、エリア一帯が大きく袋状に蛇行する地点になっている。袋の底にあたる部分には民家が数軒並んでいた。長く住んでいるという人は、背後の高い山からの水と、馬籠川から押し寄せる水のため、屋敷まで浸水する被害がときどきあると話してくれた。別の人は、宅地の前の畑はもともと砂地で低かったが盛土をして高くしているという。どうやら氾濫地帯のようだ。

馬籠川が大きく蛇行している地点からエリアへ大水が襲来し道が壊れた

地形図を見ると、馬籠川が直角に流れている近くに、住宅の並ぶ背後の山地を回るように、もう一つの川が流れて合流していた。合流した川は、さらに水勢を強くして流れると考えられる。豪雨などの際には、直角に流れている付近から勢いをもった川の流れが、民家のある地へぶつかるように押し寄せあふれるのであろう。

そのような時、大量の砂も運ばれて打ち寄せられる。何度も続くと次第に厚く堆積していく。そうした地に「オデン」の地名が付けられたのではないだろうか。しかも初めはオデンとは呼ばず、「オタ　ota　砂、砂浜」、あるいは「オタ・ナイ　ota・nay　砂、砂浜・川」だったと思われる。

堆積した砂や土砂が時間を経て安定し、人が住めるようになると民家が建ち、畑や水田が耕作されるようになった。地名も漢字表記が必要になっていく。「オタ」には、「尾田」と充てられた。初めはオタと呼ばれていたのが、次第に漢字を読んで「オデン」と呼ぶようになったのであろう。本来地名は訓読みであるが、時には音読みになることもある。

訪れた日も、秋の大雨の後だったことから、強い流勢で道の端がえぐられて壊れた所が残っていた。壊れた道路には危険を知らせる赤白のロードコーンが並べられていた。起伏が大きく、谷間を流れて来る川は、こうして地域に災害をもたらすことが多いのであろう。

第6章　古代から続く和語地名

これまでアイヌ語地名について書いてきたが、ここでは、古代からの和語地名と思われるものを取り上げてみたい。危険を伴う命懸けの旅の果てに、はるばるやって来た人々は、新しい地に古里と同じような地名を付けたと考えられる。

言葉や地名、生活習慣などに違いがある中で、命の誕生を尊び、葬りの地には特別なこだわりがあったようだ。そうした地には「祝」や「青」の付く地名が残り、産屋《うぶや》という出産施設を作る習慣も最近まで残されていた。

「祝」の地名

「祝」の地名は私たちの知っているおめでたい印象とは違い、ハフル・ホウル・ホウルなど「放る・葬る」に通じ、「ハフリタ・ホウリタ（死者を葬る地）」だったかもしれない。京都府山城地域の木津川のほとりには、天皇に背いたタケハニヤスヒコを葬ったという祝園《ほうその》神社があり、その歴史的時間は古代（「古事記」にタケハニヤスヒコが記載されている）からのつながりをもっている。

祝部《はふりべ》（古代の下級神職。「はふり」は罪穢《けがれ》を放《はふ》る意）などの存在とも絡み合い、葬送に関わる地名と言えそうだ。古代からの葬りには水葬、鳥葬、土葬、火葬などがあり、現在とは違った墓制もあった。そのような地には、祝の付く地名が意外に多く残されている。

宮城県内にも「祝」の付く地名が残されている。所在地は県南から県北まであり、海岸地帯だけに限らず、内陸にまで存在している。律令側の勢力をもってやって来た人々が使用していた言葉や民俗が、満遍なく浸透していったことを伝えているようである。

例を挙げると、栗原市「祝田」では、初めは人の葬りの地を伝えていたと思われるが、現代ではそれが忘れられて馬の埋葬地になっていた。また文字が違うが、ここから間近に「岩井田」の地名がある。ここには昔「ランバ」と呼ばれる墓地があったという。

まったく同じ地名の亘理町「祝田」では特別な伝承はなかったが、エリア内にお寺と墓地がある。さらに同じ「祝田」が石巻市渡波にもあり、ここでは古い墓制の一つである両墓制が残されていた。太平洋を北上して来たと思われる房総半島や西日本からの人々がもたらしたものと推測される。

石巻市牡鹿半島の「祝の浜」では、崖の下の砂浜が埋葬の地だったそうで、近年はけがなどで役に立たなくなった馬を崖下へ泣く泣く落としていたと、古老が話してくれた。同じようなことを、南三陸町歌津の「祝い浜」について話した男性がいた。他にも「ひめころばし」「犬ころばし」「鉄砲ころばし」があり、これらの地も馬を崖下の砂浜へ落としたようだという。

気仙沼市「岩井崎」は潮吹岩が知られている。古い時代には「地獄崎」とも呼ばれ、海中に岩場が続いていることから、座礁する船が多かったという。転覆した船に乗っていた人が海中で亡くなることが多かったのかもしれない。そのため「イワイ崎」と呼ばれたのではないだろうか。

ほとんどの祝の地の中で、エリアの入り口を伝えていたのが七ケ浜町「祝口」である。葬りの地の入り口とは、何を意味しているのだろうと思案していると、同町の文化財担当者が、多賀城市の大代横穴墓古墳群付近まで、海岸から崖地帯に沿って横穴墓古墳群が続いていると話してくれた。現在の祝口は広範囲に及ぶが、初めはそれほど広い地を呼んだのではなかったのであろう。

祝田《いわいだ》　石巻市渡波

アイヌ系の人骨が見つかった梨木畑と隣り合わせの地で、渡波から万石橋を渡って右手の集落である。昔は丘陵の麓に道があったというが、現在は海に面しており、祝田と祝田の壱《いち》がある。祝田の壱が古く、祝田は新しい集落で、戸数も今よりずっと少なかったと、土地の人が話してくれた。

両墓制が残されており、万石浦を見下ろす高台に墓地がある。両墓制とは、現在の単墓制に対して1人の墓地が二つあることで、亡きがらを埋葬する地を「空墓《からはか》・身墓《みはか》」と呼び、実際にお参りする地を「参墓《まいりはか》・詣墓《まいりはか》」と呼ぶ。この墓制は近畿地方に濃密にあり、瀬戸内海や房総など関東にも多く見られる。瀬戸内海の塩飽本島《しわくほんじま》では、1975年ごろに火葬になるまで両墓制だったという。

　宮城県内ではここだけであるが、地元の人は身墓のことを「からはか」と呼んでおり、石の建てられたお参りする墓地は少し離れた所にある。

　また、平家落人伝説が残されており、「鶏を飼わない、こいのぼりを立てないという」との伝承がある。鶏の伝承は、古代豪族で埴輪《はにわ》の製作や陵墓の造営に従事した土師氏につながり、菅原道真もその一族である。鶏は常世の長鳴き

亡きがらを埋葬した身墓。目印の石が置かれている

鳥といわれる。古代には死者の国に関連する鳥で、海や川で遭難した人の遺体を捜すのにも使われた。いずれも葬りに関わる氏族や鳥である。

万石浦沿岸には、梨木畑貝塚、青木浜貝塚、大浜貝塚もあり、早い時代からいろいろな人が暮らしていた。当然葬りもあったであろう。

祝田《いわいだ》　栗原市鶯沢

通称地名として「祝田」の地名が残されており、バスの停留所に「祝田」がある。信号のある交差点になっている。

現地で聞いた地名解は、地内に鎮座する田神社の御神田があり、秋には収穫のお祝いをしたことからとされている。神田の所在地は不明という。人糞《じんぷん》を施すことを禁じられていたり、汚さないようにと伝わっていたりする田んぼが、昔からあったのではないか。尋ねてみたが、誰も聞いたことがないという。

的場に住む人は、田神社の管理に長年携わっているそうで、この人に馬捨て場の場所や馬頭観音塔の所在地を案内してもらった。余路前沢から田神社へ上る途中の山中には、何カ所もそのような地があるという。

「ここさ、埋めだようです」と、幾つか教えてもらった。埋められた場所には馬頭観音の石碑が確認できた。古くから病気などの理由で死んだ馬を埋めたようで、生きている馬を埋めることはなかったという。

別の男性は、戦後しばらくまで実際に埋めているのを何度か見た。同じエリアの女性たちに尋ねると、「祝田というのは、小名でがす。この交差点を中心としたどご（地）を言うのでがす」と話した。

小名とは小字を意味する。江戸期の「安永風

栗原市鶯沢祝田にある田神社

土記」にも記載があり、その言葉が現在にまで生きていた。肝心の「安永風土記」の記録に「祝田」は見つからないが、地域の人々の記憶には、長年残り続けたということだろう。

人の葬りの場であったことは、すでに忘れられていたが、馬の埋葬地として受け継がれていた。このエリアには、アイヌ語地名の余路前と祝田の地名、そして江戸期以降かと思われる地名が入り乱れて存在していた。

祝田の交差点からさらに西に、「岩井田」（旧栗駒町）の地名がある。これも同じく「イワイダ」と読む。現地で確認すると清水の湧く地はないが、昔から墓地のあった地で、それは現在でも同じであるという。文字こそ違え、葬りに関する地名だった。

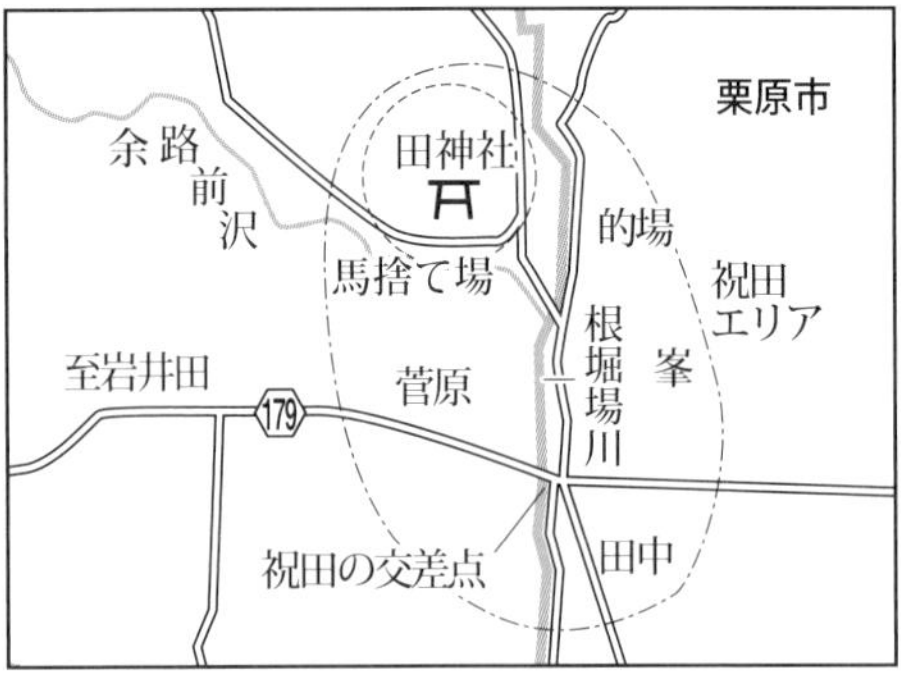

「青」の地名

古代の色相は、赤・青・黒・白の4色しかなかったという。現在のような細やかな分類はなかったらしい。その中で地名に「青」と付くものが県内にもあちこちにある。

青の付く地名は、かなり古い時代からのものであることが多い。古代の青色は、薄い黄色から緑、黒に近い所まで「青・アオ」とひとくくりにされた。信号の緑が「アオ」と呼ばれ、毛並みの良い馬も「アオ」と呼ばれ、女性の美しい髪を「ミドリノクロカミ」と呼んだのも、古代の青の色相からであったろう。

　地名の青は、冥界への入り口や人を葬った地に付くことが多く、青塚古墳は各地に見られる古墳名である。以前、長野県諏訪市から中山道《なかせんどう》を少し歩いた下諏訪町横町木の下に、青塚古墳があるのを見つけた。大崎市古川の「青塚」と同じだとうれしくなったものだ。また、愛知県犬山市にも同じく青塚古墳がある。「青」は冥界への色であり、死者の世界を表す言葉といえるであろう。

大崎市の青塚古墳

大崎市古川の青塚古墳は前方後円墳で、青塚の地名は現在も残されている。ＪＲ陸羽東線「塚目駅」から国道４号バイパスの某電気店付近からＤＩＹの店のある交差点辺りまでが「青塚」の地名である。宅地造成や新田開発のため、途中に全く違う地名が入っているが、それは長い時間を経て変更があったからであろう。また、「塚目」の地名や駅名「塚目」は、青塚古墳を塚とし、「塚（古墳）のある所」という意味の地名になる。

古い古川を知る人によると、以前は青塚の地は旧農業試験場や黎明高校付近まで広がっていたという。現在は国道東側では地名が諏訪○丁目と変更されているようだ。まさしく葬りの地としての「青」である。

初代日本地名研究所長であった谷川健一先生は、たびたび「アオ」の地名について語った。「オウ」「オオ」「アワ」なども同じ「アオ」の転訛《てんか》であると話し、松島の「雄島」も「アオシマ」の「ア」が消えてしまった地名であると話していた。ちなみに「雄島」には、墓石がたくさん並んでいる。

また、「沖縄では、近代に入っても黄色を『アオ』と」呼び、死者の眠る青の世界は明るい世界に通じる淡い世界、すなわち黄色の光がただよう世界である」という仲松弥秀の論考を引用していた。

同じく沖縄に残っている「奥武《おう》」に注目し、「奥武」は「青（あお・おう）」であり、死者の埋葬地に由来する地名であるとした。その他、古代海人族の居住地でもあることを示し、日本海側に多くあるともしている。

埋葬地に関係ある「青」の地を歩くと、「ランバ」という言葉がよく出てきた。われわれの年齢の人ならまだ覚えている言葉であるが、どんどん消えて、もうすぐ死語になるかもしれない。「ランバ」とは、現在のように法律で墓制や埋葬地が一定の方法に決められるまで、普通に使われていた言葉だった。辞書や方言辞典などで調べると、「ランバ」とは「トウランバ」という言葉が詰まったもので、「らんとうば」が正しい呼び方である。「卒塔婆を建てる場所、つまり卵塔場のことで、墓場や墓地を指す言葉である」となるらしい。また、「ランバ＝火葬場・墓所」というものもあった。

青の付く地を調べてみると、墓地や古墳に全く関係のない「青」の地名もある。古代や中世には低湿地や沼地の広がる所であった地が多かった。宮城県内では、縄文時代に海進や海退があったことから、「青＝低湿地」の地名とも関係してくるのかもしれない。

青島《あおしま》　登米市南方町

（新）青島浦、青島屋敷、（新）青島前の地名があり、何といっても「青島貝塚」がある。この貝塚は、古くから存在が知られており、「青島屋敷」という囲いから発見された。約４０００年前の縄文時代の人骨が出土している。

１９１９（大正８）年に東北帝国大（現東北大）の松本彦七郎教授によって発掘が行われ、14体の人骨が発見されたという。１９６９（昭和44）年と70年にも宮城教育大の平重道教授により再発掘調査がなされ、縄文土器・貝類・鳥獣骨・石器などと共に、新たに人骨9体が発見された。

現地は、「青島屋敷」の地を中心に島のような地形になっており、周りの水田地帯は古い時代には低湿地帯や沼であったことが一目瞭然だった。島状の北側に「青島浦」の地名が、全く反対の南側が「青島前」の地名になっていた。

地元の古老は、「そうっしゃ、むがすは、田んぼがぬかって大変だったのしゃ。腰きりまでぬかるんだったたんだよ。子どもの頃から田植えなど手伝わされたので、よく覚えでいっかす。なんせ、泥炭だがらね」と、青島の周辺の水田の様子を話した。

青島貝塚の標柱

「以前は、後方対岸との間に、船越沼があったんだおね。それを干拓したので水田が広くなった」という。「舟場という場所があり、屋号の家もある。対岸の古宿に鐘突き堂があって、舟で渡りたい時には鐘をたたく。すると舟が来て渡してくれたんだそうだよ」とも話してくれた。

他に早坂沼もあり二つの沼の干拓により、新田開発は順調に進んだようだ。現在でも沼のあった地は少し標高が低く、2015年9月の豪雨の際には水田が冠水し海のように真っ白になったという。

島状の地を巡るように道があり、東側の方に「青島貝塚」の文化財標柱と発掘の様子を知らせる説明板が立てられている。近くの女性は、「この辺は、少し深く掘ると、人骨が出てくる

遺跡発掘地付近。右手は水田になっている

ようだよ。発掘はすぐ隣の畑から田んぼへ向かう地点で行われた。3年ぐらい前にも工事をしていたら人骨が出てきて、すぐ届けられた」と話した。

説明板には、以前の2度の発掘の他に、2009（平成21）年に農業集落排水事業に伴い発掘調査が行われ、人骨3体と土器、石器、骨角牙貝製品などが出土しているとある。大規模な環状貝塚として学会でも注目されていると記されていた。「青」の地は、まさに古代の葬送の地を意味しているのであろう。

青木畑《あおきばたけ》　栗原市一迫嶋躰

一迫川の流れが作り出した河岸段丘上の水辺に位置し、川と並行するように水田が広がる。花山一迫線の道を挟んで「青木畑」と「青木畑前」の地名がある。

青木畑は、行政文書には「あおきばたけ」と記されているが、「あおきはた」と呼ぶ人が多いようだ。花山方面へ向かう右手に、青木畑遺跡と大きく記された標柱が立ち、すぐ向かい側のバス停の名も、青木畑となっていた。

しかし、標柱の立つ地の字名は竹の内、遺跡の道路向かいの地は反町、的場前の字名、青木畑前の字名はその西側に位置し、筋向かいの交差点近くには反町遺跡の標柱が立っていた。何とも複雑に入り組んだ地名のありようだが、青木畑という字名は消えていた。しかし、標柱やバス停の名が、確かに青木畑という地名があったことを語っている。遺跡標柱の立つ地の傍の家を、俗に「青木畑」と呼んでいるという。

遺跡発掘報告書や地元の人によると、この遺跡は水田の基盤整備中に発見されたという。現在真っすぐに走っている道は、以前は南側へ膨らみながら西へと蛇行して延びていた。平地のよう

青木畑遺跡

になった地形も道の曲がりなりに川へと向かって高低差があったそうである。一帯は一迫川の氾濫によって運ばれた土砂の沖積地で、上層は砂、その下は砂利になっている。標高は2メートルほどあったと地元の人は話した。

「東北歴史博物館紀要13号」掲載の相原淳一氏の論考の中に、「一迫川支流の長崎川沿いにある山王囲遺跡付近は、弥生時代初め頃大きな洪水があった」と記され、「青木畑遺跡や山王囲遺跡周辺では、水成堆積の粘土層を主とする大規模洪水層が確認されている」とある。「川が運んできた粘土層が厚く残っていた」と、ご本人から聞いた。

当然本流である一迫川も、昔から暴れ川として知られていた。同じように洪水があり、何度か氾濫を繰り返しては、青木畑のように沿岸に大量の砂を堆積させたに違いない。そのため遺跡に住んでいた人たちの使用した土器や石器、土偶などが深く掘った地点から出土したのであろう。遺跡から出土した大量の土器は、「青木畑式」と呼ばれ時代判定の目安とされ、特に「工」という文字を連想させる「変型工字文」が特徴的であるという。

全くの水田地帯で、現在では「青」につながる地と判断することは不可能だった。地元の人によると、遺跡の西側に以前は避病院があり、さらに川に近い所には「ランバ」があったという。

ランバとは、墓場や墓地を示している。ランバに「アオ」の地名が付けられ、「キ」はそのような場所を示す。「ハタケ」は畑というよりも本来は「端《はし》」という意味で、畑の文字が充てられたのであろう。さらに前の方に位置している地には青木畑前の字名も生まれた。

青木畑の位置図

青木畑の地が一迫川に面していることは、古い時代（古代や中世）などには、伝染病（天然痘など）に罹患《りかん》して亡くなった人の遺骸を水葬したとも考えられる。つい最近まで、人の記憶に残る避病院があったことと関係しているのかもしれない。

青木《あおき》　白石市福岡深谷

現地は、児捨川に流れ込む大太郎川、三本木沢などによって形成された扇状地の先端に位置し、標高約50メートルの河岸段丘上にある。

「青木、青木後、青木上、青木前、青木脇、青木下」の地名がある。初めは「青木」だけであったものが、住居や農耕地の拡大により広がっていったのであろう。「安永風土記」にも、「青木屋敷　弐《に》軒」の屋敷名が見え、古くからの地名であったと思われる。

地元の人に案内してもらったが、青木エリアは河岸段丘のへりに沿うように道がうねっていた。「青木脇」付近では、あまり古い家はなかったが、「青木前」から高速道へ向かう道の角には地蔵堂があり、地名も「地蔵堂」となっていた。旧家の人は、「地蔵堂とはなっているが、通称青木で通っている」と話した。「青木」と呼ばれるエリアはとても広いようだった。

現在住宅地図に掲載されている「青木」の地は、以前は低湿地帯だったそうで、圃場整備が行われたことで、水田地帯に広い道が造られた。道ができたことにより、事業所や店などがどんどん並ぶようになり、目で見ただけでは低湿地だったことは分からなくなっていた。

蔵王を遠く望む桜の根方に墓が移され、整備されていた

深谷地区にはたくさんの遺跡があり、青木遺跡は、1931（昭和6）年の道路開削で、弥生中期初頭の埋葬遺構が発見され、東北地方南部の弥生時代の古式埋葬遺跡として注目されたという。

東北自動車道を造る際、68年と71年に発掘調査が行われた。縄文時代から平安時代にかけての集落跡が見つかり、竪穴住居跡21軒、木製竪杵《たてぎね》、刀子、土師器《はじき》、土製紡錘車や須恵器などが大量に出土した。墨書土器が多く、「大里」「上」「大村」「大」の墨書銘があったという。平安時代には大規模な集落が形成されていたらしい。

さらに、2003年から04年にかけて「青木後」を発掘した際には、表土下20～25㌢の深さから土壙《どこう》8基が検出されたという。この遺跡からは縄文時代の甕棺《かめかん》が幾つも見つかっていると、東北歴史博物館の関係者が話している。

案内してくれた人も、「青木エリアにはランバがあちこちにあったようで、そのランバにあった墓石のほとんどが、青木後の高速道脇などにまとめられ墓地として整備された。その西にある桜の古木の根方にも墓地がある」と話した。現在の墓地は、全て青木エリアが東北道などの造成の際、改めてまとめられたものであるという。ここは、葬送に関わる「青」の地であったろう。

青符《あおぶ》　栗原市一迫北沢

栗原市一迫には「青」の付く地名が比較的多く見られる。その一つだが、割と高台に位置している。下の方のはざまを芋埣《いもぞね》川が蛇行して流れ、この川を境に丘陵地が続いている。

青符の地は、二つの沢の間に丘陵が半島のように川に向かって突き出た地形になっていた。縄文時代から弥生時代までの青符遺跡がある。五つの遺跡を示す白い標柱が「A～E」まで点在していた。

青符の屋号の屋敷内にある青符Ｂ遺跡の標柱

５軒の民家があり、現在３代目という家が多い。あまり古い時代には民家がなかったようだ。

二つの沢にはそれぞれ青符溜池《ためいけ》がある。山手から自然に集まってくる水を導いてためて、農業用水として使用されているという。天候によっては水不足になることもあるそうで、遠く峰を挟んだ南側の一迫川からくみ上げている。それでも不足することもあるので、50㍍《メートル》ほどボーリングして地下水を用水に充てているというお宅もあった。

上手の方の田んぼはどんどん狭くなり、地形に合わせるように小さな田が並んでいた。溜池を下ると、圃場整備された大きな水田になっている。

二つの沢で気付いたのは、用水路にかなりの量の酸化鉄が流れ込んでいたことである。大き

青苻溜池のうち大きい方の溜池

い方の溜池沿いにポンプ小屋を造った人は、溜池沿岸から鉄滓《てっさい》が一カ所に集めたように見つかり、それが何カ所にもあったという。割ろうとしても割れず、小屋の土台を造る際、水はけをよくするために埋めたと話してくれた。また、畑を開田した際に縄文土器が出土したことがあり、きれいな赤鉄鉱も出てきたという。

「青苻」の下の方を流れている川は芋埣川で、「イモ」の地名は製鉄につながることもある。用水路に溶け出している酸化鉄、赤鉄鉱の存在、鉄滓が大量に出ていることから考えると、いつの時代かにこのエリアで鉄製錬が行われていたことを伝えているようだ。

それが青苻という地名解に直接つながるのではないが、大きな溜池のすぐ近くにある家が屋号で「アオブ」と呼ばれていた。この家で、

「この沢に沿うようにある水田は、もともとは大人の男性の腰までぬかるようなぬかり田だった」と聞いた。奥さんも、「田植えや稲刈りには難儀した」と話した。何度も暗渠《あんきょ》を埋め排水を良くしたので、現在はあまりぬからなくなったという。

このことが「アオブ」の地名の意味に関わるのであろう。「アオ」の地名には、「低湿地や沼地が広がっている」という意味もある。「フ」は、「新開地や開墾地」、あるいは「そうした所」を意味しているので、ここの地名は「低湿地を開墾した地」という意味にもなるようだ。

縄文時代や弥生時代には、現在のように低地に住むことは不可能だった。古代も同じだった可能性がある。そのような所であるが故に、亡くなった人の遺骸を水葬などにするのに適していたのかもしれない。ここでは、葬りの地としての「アオ」の地と、低湿地としての「アオ」の地の、どちらとも決め難い所といえるようだ。

「青符」の暮らしは長い時間を経た後、谷間にできた低湿地に苦労しながらも稲を育て、生産性につながる作物を育てて現在に続いてきたのだろう。以前は稲作の他に養蚕もやり、いつも畑で、何かの野菜を育てるようにしていたと、地元の人は懐かしそうに話した。

産屋の伝承が残る家—栗原市一迫

県道17号を栗駒町方面へ向かうと左手の高台に山神社が祭られており、その境内を上街道と呼ばれる古道が通っている。神社の入り口に武烈天皇に関わる文が記されており、この天皇が当地に追われた際、久我大連とか狩野（鹿野）掃部という人が同行して来た。この社は久我氏が祭った神社であると記されていた。さらに武烈天皇は王沢屋敷で死んだとの言い伝えがある。

ここの地名は、武烈天皇にあやかって王沢と名付けたとされている。神社の近くに、武烈天皇ゆかりと伝わる家があり、昔は同天皇を祭る社のようなものが屋敷内にあったらしいと聞いた。背後の山は王沢館と呼ばれ、遺跡の白い標柱も立てられている。

また、この家には古いお産の仕方が伝わっていた。話してくれた女性（70代から80代）のおしゅうとめさんは、広間と呼ばれる土間に藁《わら》を柔らかくしたものを敷いてお産をしたと聞いているという。その広間が古い時代の産屋の代わりだったのであろう。

このことは先人の民俗学者らが調べたものが文献にも残されており、王沢でも母屋の外に産屋を造り、そこでお産が行われていたとある。母屋でお産をと願って習慣を変えてみたこともあったが、とても難産であったことから、産屋に移したところ、軽く済んだと報告されている。

「古事記」や「日本書紀」の神話の中に、日本の古い時代のお産の様子が記されており、西日

王沢の山神社参道と上街道（左）

本の海辺の集落ではお産のために産屋を建てて、浄められた砂を敷き、柔らかな藁を敷いて、お産を行ったという。

一般的に古い時代のお産は血の穢《けが》れと考えられて、日常からは隔離しなければならないとされた。産屋は出産が終わると壊されたようだ。あるいは、それほど生活に余裕のない田舎では、普段の農作業などで無理をして早産する人もあったことから、産前産後の休養などのために産屋を別に設けたとも考えられる。

そうした習慣が宮城県内にもあったようだ。母屋から隔離されての出産の在り方は、もともと県内のものではなかったと思われる。もしかすると律令化の波と共に導入されてきたのかもしれない。珍しい民俗的習慣が小さな残像となって、つい最近までこの沢に残されていた。

背後の王沢館に守られるように立つ家は王沢三軒と呼ばれる。

地元の神さまを産土神「うぶすながみ」と呼ぶが、「ウブスナ」とは、出産の際に敷かれる浄めた砂の意味である。

アイヌ語地名の分布の多い一迫エリアは、和語による古い時代の地名や民俗も残されていた。一帯が古代における文化の接点であり、境界線上にあったともいえるのではないだろうか。

〈参考文献〉

「東北歴史博物館紀要13号」
「宮城県の地名」平凡社
「白石市史」
宮城県遺跡地図（1998年）
一迫町教委「史跡山王囲遺跡保存修理工事報告書」（1986年）

おわりに

宮城県内に残るアイヌ語地名は、はじめのうち栗原市や大崎市・登米市などの、どちらかというと県北地域で見つかることが多かった。

それが近年名取川周辺、特に仙台市太白区や若林区などを調査するうちに、どんどんアイヌ語で解ける地名が確認できるようになっていた。どうやら片手落ちであったようだ。

仙台（センダイ）の地名もアイヌ語で解けるとした先人がいた。伊達政宗が築いた仙台城下を外れたエリアにも、これはアイヌ語で解ける地名かと思われる所が見つかるようになった。それは、驚愕《きょうがく》そのものであった。

こんなにも、仙台周辺にもアイヌ語で解ける地名があったのである。しかし、解けるというだけなら、アイヌ語地名は沖縄・八重山諸島の与那国島にも存在している。実際に与那国島へ行ってみると、間違いないのではないかと思われた。

阿武隈川沿岸でも、もしやアイヌ語かと思われる地名に出合ったことがある。しかし、近くにまったくアイヌ語で解ける地名がないのに、ポツンと一つだけである場合は、要注意である。やはり、近場に、他にも存在しないと、確かにアイヌ語地名とは決定できないように思う。

宮城県内は、大きな川と、太平洋という特徴的な水の道があり、アイヌ語を話していた人々は、それらを自在に移動しながら暮らしていたらしい。例えば、アイヌ語を話す人たちは、川の流れを人間のおなかの中の腸と考えて、地名が付けられている。だから、「o　オ、シリ」の付く、尻から始まる地名も多く、例えば、登米市幼《おさない》は、「o・sat・nay　オサツナイ　（川）尻が・乾いている・川」である。

アイヌ語地名を探るためには、とても長い時間を要する。平成の大合併や、東日本大震災のために消えた地名も多く、変更もされている。

それでも、今後の調査でも、見つかることがあるはずである。記載しきれなかった地名もあるが、できるだけ多く探し出したいと思う。

研究を始めたばかりの頃は、昔のことを知っているお年寄りが多くおられたが、世代交代により聞き取りがどんどん難しくなっている。それでも、やはり続ける必要があると思っている。

調査には、たくさんの人々にご教示・ご助言をいただき、特に現地の方々にはたくさん助けていただきました。心から感謝し、御礼申しあげます。

また、この書を出版していただくにあたり、河北新報出版センターの方々には、とてもお世話になりました。ありがとうございました。

２０２０年１月

太宰　幸子

太宰　幸子（だざい・ゆきこ）

1943年大崎市鹿島台生まれ。日本地名研究所理事、宮城県地名研究会会長、東北アイヌ語地名研究会会長、みやぎ街道の会顧問。大崎市在住。

著書に「みやぎ地名の旅」（河北新報出版センター）「地名は知っていた」（同、上下巻）「みやぎ不思議な地名　楽しい地名」（同）「仙台江戸学叢書14　仙台城下の地名」（大崎八幡宮）「災害・崩壊・津波地名解―地名に込められた伝言」（彩流社）、編著書・共著に「『要害』地名調査研究報告書」（宮城県地名研究会、2008年日本地名研究所・地名研究賞受賞）「地名は警告する・日本の災害と地名」（谷川健一編、冨山房インターナショナル）など。共著に「地名から知る先人の暮らしと歴史～東北地方に残るアイヌ語地名～」（東北アイヌ語地名研究会）ほか。

みやぎのアイヌ語地名

発　行　2020年2月27日　第1刷
著　者　太宰　幸子
発行者　草刈　順
発行所　河北新報出版センター
〒980-0022
仙台市青葉区五橋一丁目2-28
河北新報総合サービス内
TEL　022(214)3811
FAX　022(227)7666
https://kahoku-ss.co.jp
印刷所　山口北州印刷株式会社

定価は表紙に表示してあります。
乱丁、落丁本はお取り替えいたします。

ISBN　978-4-87341-399-0